小学数学教学方法与实践研究

李　蕾◎著

中国出版集团　现代出版社

图书在版编目（CIP）数据

小学数学教学方法与实践研究 / 李蕾著. -- 北京：
现代出版社，2023.9
　　ISBN 978-7-5231-0485-9

Ⅰ．①小… Ⅱ．①李… Ⅲ．①小学数学课－教学研究
Ⅳ．①G623.502

中国国家版本馆CIP数据核字(2023)第153453号

小学数学教学方法与实践研究

作　　者	李　蕾
责任编辑	姜　军
出版发行	现代出版社
地　　址	北京市朝阳区安外安华里504号
邮　　编	100011
电　　话	010-64267325　64245264(传真)
网　　址	www.1980xd.com
电子邮箱	xiandai@cnpitc.com.cn
印　　刷	北京四海锦诚印刷技术有限公司
版　　次	2024年4月第1版　2024年4月第1次印刷
开　　本	185 mm×260 mm　1/16
印　　张	10
字　　数	230千字
书　　号	ISBN 978-7-5231-0485-9
定　　价	68.00元

前　言

作为人类文化的组成部分，数学占有很重要的地位。现代社会公民必须具备的基本素养就是数学素养。落实数学素养下的数学教育致力于促进学生的全面发展，在学生提高数学知识和技能并将其应用于生活与学习中起着至关重要的作用，同时可以促进理性思维和创新能力的发展，这也是其他学科不能替代的。百年大计，教育为本。小学教育专业在我国教师教育发展事业中占有重要的地位，也是基础教育发展重要的保障，在我国基础教育发展领域具有不可替代的作用。数学课程要面向全体学生，适应学生个性发展的需求，使每个学生都能获得良好的数学教育。数学学习真实地发生在学生形成结论的数学活动中，发生在学生理解课程内容蕴含的数学思想方法中，发生在师生互动的智慧碰撞中。

小学教育是教育事业的基础。小学阶段对学生数学思维、数学逻辑和数学学习习惯的培养至关重要，对提高未来公民的理性精神与数学素养起着奠基性的作用。教师是学校教育的基础，小学教育的重要性对小学教师的培养与专业发展都提出了更高的要求。基于此，本书从核心素养下的小学数学教学等基础体系进行阐述与分析，后对小学数学教学的原则、方式、教学设计、教学技能等相关内容进行分析与研究，并对其数与代数、图形与几何、统计与概率等方面的实践进行探究与总结，最后对小学数学教学评价进行重要研究。本书可作为高等职业教育学前教育等专业的教学用书，也可作为从事小学数学教学工作及其相关工作人员的参考用书。

由于作者水平有限，书中难免存在不足之处，敬请各位专家和广大读者批评指正。

目　录

第一章 核心素养下的小学数学教学

第一节 小学数学教学的性质与意义

一、小学数学课程的性质与地位

课程是教育者对受教育者实施教育教学行为的依托，同时也是人才培养模式的直接体现。不同的课程有着不同的培养效果，并会出现不同的人才类型。课程设置的科学与否，小则决定了人才培养的质量好坏，大则决定着一个国家、一个民族的生死存亡和前途命运。由此看来，作为一名小学数学老师，要想担负起时代赋予的重任，培养出未来社会所需要的高素质人才，就必须对小学数学课程的含义、特征、性质、地位等有一个较为全面的正确认识。

（一）数学的含义及其基本特征

数学是从人的需要中产生的，是从丈量土地尺寸和测量容积，从计算时间和制造器皿中产生的。数和形的概念作为数学的两大柱石，它们是从现实世界中得来的，而不是从其他任何地方而来。探索广漠的宇宙、研究微观的粒子、考察地球的变化、揭示生命的奥秘等，不论哪一项科学技术活动，无一不用到数学知识，无一不以数学知识为基础。数学已成为自然科学、社会科学和行为科学的基础。数学的内容、思想和方法在人类社会生活中的应用越来越广泛，数学的符号、词汇、句法和术语已经成为表述关系和模式的通用工具。数学不但给人以实用的技术，而且也给人以能力，它在提高一个民族的科学文化素质方面起着关键的作用。

那么，到底什么是数学？这是我们首先需要弄清的基本问题。

说起数学，我们一般很自然地联想到小学数学中的算术，中学数学中的代数、平面几何和立体几何等这些丰富多彩的数学内容。但是，如果我们仔细分析一下这些内容，就可以看出数学大致可以分成两类：一类是研究现实世界的数量关系的；一类是研究空间形式的。例如，算术、代数是研究数量关系的，几何是研究空间形式的，三角则是这两类情况的结合物。

关于数学的含义，恩格斯曾如此描述：数学就是研究现实世界的空间形式和数量关系的一门学科。具体而言，数学以数和形的性质、变化、变换和它们的关系为研究对象，探索它们的有关规律，给出对象性质的系统分析和描述，在这个基础上分析实际问题，给出具体的解法。人们对数学的认识可以分为两个方面，一是从数学内部（数学的内容、表现形式及研究过程等角度）来研究数学的性质；二是从数学的外部（数学与社会的关系、数学与其他学科的关系及数学与人的发展的关系）来讨论数学的性质。它们都从一个侧面反映了数学的本质特征。概括地说，数学具有这样的基本性质：第一，数学的对象是由人类发明或创造的；第二，数学的创造源于对现实世界和数学世界研究的需要；第三，数学性质具有客观存在的确定性；第四，数学是一个动态发展的体系。可以说，数学在现代科技和社会生活的各方面都扮演着不可替代的角色。要想比较全面地了解数学学科，对其特征的把握显得非常必要，下面我们主要介绍数学的三个特征。

1. 理论抽象性

理论抽象性是数学最显著的特征。数学的理论抽象性就是保留具体事物在数量关系和空间形式方面的本质属性，而排除其他非本质属性。数学理论抽象性的最显著特征，就是用模型来概括同类对象或同类对象的关系。数学是作为一个独立的客体而存在的，是被抽去了具体内容的一种形式科学，它是用形式化、符号化和精确化的语言来表现的一种"抽象的抽象"或"概括性的抽象"，它是以"一切性质的抽象"而呈现的。因而，数学对象没有任何物质的和能量的特征，它只有一个特征，那就是这些对象都处于一定的相互关系之中。正是数学的理论抽象性使其能以形式化、符号化和精确化的语言来表现极其复杂的对象和思想。

2. 逻辑严谨性

数学具有逻辑严谨性。荷兰数学教育家弗赖登塔尔认为数学有一个最大的特点，那就是对任何一个陈述都可以确定其对或错。因为只有数学可以加上一个强有力的演绎结构，这就是数学的逻辑严谨性。数学的结果是从一些基本概念（或公理）出发并采用严格的逻辑推理而得到的。数学的逻辑严谨性还带有数学语言的精确性，即数学的表述具有相当严密的唯一性。其他学科（尤其是自然学科）也借助数学语言来准确地表述概念或由经验所获得的发现。数学的逻辑严谨性还表现在它的系统性。数学体系本身是一个精确的自然结构，而且是所有自然结构中最具有完美模型特征的。我们应该说，数学是以最简洁、最精确、最稳定的模型来揭示最本质、最抽象的关系的系统理论。

3. 应用广泛性

数学的应用十分广泛，其应用对象领域，涉及整个客观世界。数学是解决实际问题的主要工具，它被广泛应用于解决人类生活和社会活动的各种实际问题。随着社会科学技术的发展和人类的进步，数学的应用已经扩展和深入更普遍的技术领域和科学领域，它已经渗透到人们的所有生活领域之中。数学还在其他的科学中占有特殊地位。近代以来，数学又进入了人文社会科学领域，在当代人文社会科学的数学化已成为一种强大的趋势。如今，无论是自然科学还是社会科学，甚至是思维科学都要借助数学的严密性和抽象性特点来做更为精确的研究或描述。因此，数学已经不再是一种单纯的实用工具，它已经成为解决许多重大问题的关键性的思想与方法，并极大地改变着我们的生活方式。

（二）小学数学课程的性质

小学数学课程的性质是小学数学课程区别于其他课程的本质属性。只有正确认识小学数学课程的性质，才能在小学数学教学中把握正确的方向，采用合理的教学方法，更好地完成小学数学课程的教学任务。

1. 小学数学课程的基础性

义务教育的课程要面向每一个学生，其标准是绝大多数学生能够达到的。课程内容和要求应该是基础性的，不能任意被扩大、拔高。同时，课程还应具有发展性，要着眼于学生的终身学习，适应学生发展的不同需要，为学生的终身发展提供必备的基础知识、基本技能和良好的情感态度与价值观。

小学数学课程的基础性体现在两个方面：一是小学数学是数学学科的一部分，是学校教育中一门重要的基础学科。小学数学课程是以算术和简单的图形与变换知识为主要内容的一个逻辑体系，这些知识是学生学习一切后续数学知识的必备基础知识。二是小学数学课程的学习能为其他学科的学习和学生的终身发展打下良好的基础。

2. 小学数学课程的工具性

具体来说，小学数学课程的工具性体现在以下四个方面。

（1）数学是人类认识世界的一种工具

数学是人们生活、劳动和学习必不可少的工具，能够帮助人们处理数据，进行计算、推理和证明；数学模型可以有效地描述自然现象和社会现象；数学为其他科学提供了语言、思想和方法，是一切重大技术发展的基础；数学在提高人的推理能力、抽象能力、想象力和创造力等方面有着独特的作用；数学是人类的一种文化，它的内容、思想、方法和语言是现代文明的重要组成部分。

（2）数学是人类用来交际的一种语言

数学教学也就是数学语言的教学。数学语言是一种由数学符号、数学术语和经过改进的自然语言组成的科学语言，是人们日常生活和数学学习中广泛使用的语言。除了在日常生活中使用最基本的数学语言之外，在数学教学中几乎离不开数学语言。我们在认识数学语言的前提下，更要注意数学语言在教学中的运用技巧。一般来说，教师在教学过程中不宜直接使用数学语言作为讲授语言，而应根据学生的认知水平和心理特征，将数学语言转化为容易被学生所接受的语言。同时，也要重视引领学生结合数学学习过程，培养抽象思维，提高熟练运用数学语言表述实际问题的能力。

（3）数学是人们进行思维和开发智力的工具

我们人类要求得生存与发展，就需要了解并掌握客观世界中万事万物的基本性质、相互联系及其基本规律，有效地改造客观世界，在这个过程中达到预期目的。而数学所研究的对象正是人类为实现这一目的不可缺少的智力机能——思维。数学学习的一个显著特点就是开发和培养人的思维。无论是形成数学概念、得出数学方法，还是解决数学问题，都必须经过缜密思维这一过程。通过小学数学课程的学习，学习者的思维能力能得以锻炼和提高，同时，学习者还可以运用已有的思维能力，去进行更为复杂的思维活动，解决更加复杂的问题，在这样循环往复螺旋式的思维发展过程中，学习者的智力也将得以极大的开发。

（4）数学是人类文化的重要组成部分

严格意义上的"文化"应当具有传播与交流的功能，并能对人类社会的生产方式、学习方式和生活方式产生广泛而深刻的影响。数学以其理论抽象性、逻辑严谨性和应用广泛性，形成了独特的数学文化，并与其他文化一起构成了人类的文化世界。数学以其抽象的形式，摆脱具体的束缚，不断地建构着更高的知识层次，它将严密的逻辑推理、简洁的数学语言、精确可靠的结论和不断探索的精神作为数学文化的基本特征，将"以理服人"作为数学文化追求的崇高目标，将培养学生的科学精神和对数学美的理解与欣赏能力作为数学文化教育的价值取向。

3. 小学数学课程的人文性

数学课程内容和课程结构的改革与实施要密切联系学习者的生活和经验，加强课程与社会科技发展的联系，为学生的终身发展提供必备的基础知识、基本技能和良好的情感态度与价值观，以创新精神和实践能力为核心，重视发展学生收集处理信息的能力、自主获取新知识的能力、分析解决问题的能力以及交流与合作的能力。数学是人类的一种文化，它的内容、思想、方法和语言是现代文明的重要组成部分。义务教育阶段的数学课程，其基本出发点是促进学生全面、持续、和谐的发展，使学生在获得对数学的理解的同时，能在思维能力、情感态度与价值观等方面得到进步和发展。

数学教师应努力探索小学数学人文教育的途径和方法，构建人文、和谐的数学课堂，真正实现数学课程标准对培养学生人文精神的要求。

（三）小学数学课程的地位

小学数学课程的地位是指它在整个小学教育中所处的位置。数学学科自身所具有的性质及其教育功能，决定了小学数学课程的地位，也决定了它在整个小学教育中起着不可替代的作用。

数学是学习现代科学技术的基础，也是解决现实问题必不可少的工具。它同语文学科一样都属于工具学科，广泛应用于日常生活、生产建设和科学研究。随着现代社会和科学技术的发展，数学的应用将越来越广泛。小学是义务教育的初级阶段，它把数学作为一门重要学科的目的是帮助学生从小打好数学的基础，发展学生思维能力，并对学生进行思想品德教育和良好学习习惯的培养，这对于贯彻落实德、智、体、美、劳全面发展的教育方针，培养有理想、有道德、有文化、有纪律的社会主义公民，提高全民族的素质，具有不可忽视的重要意义。

1. 从课程设置来看，数学课程是小学最基础的学科

在小学课程结构中，数学课程始终处于基础地位，不仅授课时数较多，而且在总课时中所占的比例也相对较高。从义务教育和终身教育的角度看，小学数学课程既是学习数学课程的基础，又是学习其他一些课程的基础，更是继续学习、终身学习的基础。学习数学，有助于学生后续数学学科知识的学习，也有助于其他自然学科甚至是人文学科的学习，还有助于学生认知思维能力、审美鉴赏能力的提高。同时，数学作为一种普遍适用的技术，有助于人们收集、整理、描述信息，建立数学模型，从而解决问题，为社会创造价值；有助于学生更好地探求客观世界的规律，并对现代社会中大量纷繁复杂的信息做出恰当的选择与判断。再者，学生在学习数学的过程中，其他智力因素和非智力因素也得到相应的发展。因此，数学素养在德、智、体、美、劳诸多素养中始终处于基础的地位，它不是可有可无的，而是各地方各小学必须开设、全体学生必须学习的一门基础课程。

2. 从学生发展来看，小学数学课程处于重要地位

教育的重要功能是实现受教育者综合素质的全面发展和完善。数学课程不仅能使人学会怎样学数学、如何用数学，而且能促进人的智慧和能力的发展，使人学会创造，同时还能提高人的思维水平、陶冶人的性情，为学生的终身发展打下良好基础。特别是小学数学课程，更是基础的基础。数学学习，有助于学习者学会思考，将来服务于社会。

数学素养的基础性和小学数学课程的多重功能，决定了小学数学课程在九年义务教育阶段具有特别重要的地位和作用，这也是其他课程无法取代的。这样的地位不会因科技的发展、社会的进步而动摇，其作用也不会因世纪的更迭、时间的推移而变化。小学数学课程如此重要的地位，昭示了小学数学教育工作者肩负着重大的责任。

二、学习小学数学教学论的意义

数学在小学教育中占有举足轻重的地位。要对学生进行全面发展的教育，数学教育是不可缺少的重要组成部分。随着人类的发展和社会的进步，数学与人们生活、社会发展的关系愈来愈密切，特别是信息技术高速发展的 21 世纪，数学素养更是公民素养中不可或缺的重要组成部分。让学生接受良好的数学教育是小学教育工作者的重要职责之一。因此，小学数学教育工作者必须了解有关小学数学课程与教学方面的知识、方法和技能，并树立正确的数学教育观念以更好地完成这一使命。随着基础教育改革的不断深入，对小学数学教育的要求也在不断变化，小学数学教师必须不断更新教育教学观念，改变教学方法，以适应学生发展的需要和社会对学生的新要求。

只有让学生经历丰富的数学活动，才能形成自己的体验。教师理解并掌握小学数学教学的基本理论和教学方法，不仅有助于学生的数学学习，而且有利于教师教学能力的提高。小学数学教师应让学生"学会学习"，而不仅仅是"学会知识"。学生只有学会学习，才能更好地应用所学知识，创造性地解决问题，进而发现新的知识。而要教会学生"学会学习"，这就需要小学数学教师掌握必备的小学数学教学的基本理论知识与技能，并不断提高数学教学能力，促进自身专业发展。

然而，在现行教学中，一些教师未充分了解小学数学学科的基本理论、基本方法和小学生学习数学学科的特征，以及未进行有效的教学设计，教学低效、无效的现象屡见不鲜。

义务教育阶段的数学课程，强调从学生已有的生活经验出发，让学生亲身经历将实际问题抽象成数学模型并进行解释与应用的过程，进而使学生获得对数学知识理解的同时，在思维能力、情感态度与价值观等多方面得到进步和发展。

如果小学数学教师不能够科学地观察小学生数学学习的过程，不能用最新的数学教育理论和教学方法让学生学会并运用数学知识，那么其教学效果很可能低效或者无效，学生的学习效果亦会不佳，更不用说培养学生的创新能力和实践能力了。小学数学教师只有不断提高小学数学教育理论知识水平，不断促进自身专业发展，才能适应基础教育改革与发展的需要。

小学数学教学论是研究小学数学课程与教学规律的一门学科。无论是即将成为小学数学教师的师范院校学生，还是在职的小学数学教师，都很有必要了解小学数学在小学教育中的重要地位和小学数学课程与教学的基本特征、规律，充分理解小学生学习数学的特点，从而合理、有效地组织和实施小学数学教学的方法与策略。从这个角度来说，小学数学教学论为小学数学教师和即将成为小学数学教师的师范院校学生提供了一个学习与研究的平台。通过对小学数学教学论的深入理解和认识，他们可以为自己现在或将要从事的小学数学教育工作打下坚实的基础，也会更加自觉地从理论和实践的结合上认识与理解有关小学数学教育的问题，从而更快地提高教学水平。

具体而言，学习和研究小学数学教学论的意义主要表现在以下几个方面。

第一，理解和掌握小学数学课程与教学的基本理论、基本技能和教学方法，提高数学教学能力。

通过学习小学数学教学论这门学科，我们可以获得系统的小学数学教学论知识、教学基本技能与教学方法，包括理解小学阶段学习数学的原因、小学数学学科应包括的教学内容及这些教学内容的组织方式、如何使学生在数学学科的学习中获得更大收获等，从而提高对小学数学教育的整体认识水平。与此同时，通过学习我们还能掌握数学课堂教学的基本技能，如新课导入技能、讲授技能、演示技能等；能根据学生的认知特点和教材的逻辑结构，正确分析教材的重点、难点和关键点，从而设计合理的教学环节；学会运用恰当的教学方法，采用合理的教学手段，创造性地实施课程。无论是即将成为小学数学教师的师范院校学生，还是在职的小学数学教师，都应当充分了解小学数学学科的特点和小学生学习数学学科的特征，以便进行有效的教学设计，使数学学科真正成为促进小学生整体素质提高的重要组成部分。

第二，提出和思考小学数学课程与教学改革的问题，学会开展小学数学教学研究。

通过学习小学数学教学论，即将成为小学数学教师的师范院校学生和在职的小学数学教师能够科学地观察小学生数学学习的过程，提出并解决小学数学教学中的问题。随着基础教育课程改革的不断深入，作为小学数学教师，应当致力于成为一名小学数学教学的组织者和研究者，除了做好常规的教学工作之外，还应不断反思和研究有关小学数学教育的问题，在自己的教学实践中提出问题，并能运用所学的教育理论和教学方法解决实际问题。这对于提高小学数学教学质量、提升我国小学数学教育研究水平有着极为重要的意义。

第三，提高小学数学教育理论水平和研究能力，促进教师自身专业发展。

小学数学教师的专业发展是教师继续学习、积极反思和不断调整的过程。知识的更新与能力的提高不是轻而易举的，对教师来说更是一项长期的工作。其中，全面系统的数学学科知识和教育学、心理学理论是基础，小学数学教学实践是基本途径，而将小学数学教学论的理论、方法与教学实践相结合则是提高专业素质必不可少的条件。素质教育的全面推进和新课改的不断深入对所有的小学数学教师来说都是一个挑战，我们必须不断地学习小学数学教育理论，用最新的数学教育理论优化数学教学，使学生学会运用数学知识，培养学生的创新能力和实践能力。教师只有不断地提高自己的专业水平，才能适应基础教育改革与发展的需要。小学数学教学论能为小学数学教师提供更多的理论指导和实用的教学案例，这有助于小学数学教师转变旧的教育观，树立新的教育观，还有助于教师理解、领悟新课程，并在教学工作中运用新课程理念去理解和研究新教材，从而帮助教师提高自身的专业水平和研究水平。

三、学习小学数学教学论的方法与建议

根据小学数学教学论这门学科的特点，应注意以下三个方面。

（一）注重理论学习

首先，要具备坚实的数学基础知识。数学知识是数学教育必不可少的内容载体。如果我们不具备必要的数学知识，就不可能去研究数学教学规律，也不可能从事数学教学工作。这些必要的数学知识包括初等数学和高等数学的有关内容，对于初等数学，要求理解基本理论，掌握解题方法和规律，熟悉小学数学教材体系；对于高等数学，则应理解各种数学理论中的思想和方法，把握高等数学和初等数学的联系，能用高等数学的观点去处理小学数学问题。只有具备了坚实的数学基础知识，教师才能够从自己学习数学的过程中体验学习数学的感受，才能以个体积累的经验去参与教学实践。

其次，要比较系统地学习教育学、心理学理论，了解教育史的各种流派、各种教学理论产生的背景，学习各种心理理论等。更重要的是，还必须熟悉教育学、心理学的科学研究方法。数学教育理论的研究不同于数学研究方法，数学研究是运用演绎等方法，通过严格的推理去获得正确的结论；而数学教育理论的研究则偏重于实践，以调查、观察、比

较、实验、经验总结等形式为主，与教育学、心理学的研究方法有更多的共同之处。因此，熟悉教育学、心理学的科学的研究方法对数学教育理论与实践的研究是极其重要的。

最后，系统论、信息论和控制论以及计算机科学等学科的应用已经渗透到数学教育理论之中，因而应当对这些学科的基本理论、观点、方法以及它们在小学数学教学中的应用范围和程度等有所了解。总之，博览群书、拓宽视野、融会贯通是学好本课程的有效途径。

（二）加强实践活动

小学数学教学论既是一门理论课程，又是一门实践课程，积极开展教学实践活动是学习本课程的一项重要内容，也是学好这门课程的关键。

因此，应采取专题讨论、教学观摩、微格教学等手段，加强实践性活动，并在活动中自觉地、有计划地运用所学的基本理论、基本观点和基本方法去解决实际问题。在活动中，还将加强教学技能的训练，如教学语言、教学形态、板书等的训练，为教学实践活动顺利进行奠定坚实的基础。

（三）掌握读书方法

1. 精读与泛读相结合

对书中的重要理论、方法要精读，同时泛读一些与数学教育理论相关的学科论著、文献，并做必要的读书笔记，使知识系统化。

2. 勤于思考，勇于提出问题

由于数学教育理论具有发展性，而且对数学教育规律的认识也有多种途径，因此读书时，一方面要领会已经形成的诸多教育学、心理学理论，尊重经过无数次实践经验逐步积累起来的数学教育理论；另一方面也不要受已有结论的束缚，要善于从各个侧面、不同角度去思考和探讨同一个问题，勇于提出新的观点、方法。

3. 勤于动笔，培养科学研究意识

学习数学教育科学知识固然重要，但学习的目标不能仅限于此，还必须认识到数学教育科学研究的重要性，提倡研究数学教育科学。因此，在学习中要勤于动笔，写感想和读书体会，养成广泛收集资料、整理资料的习惯，逐步形成对数学教育的科学研究意识，提高自己对研究论文的写作能力。

第二节 核心素养的内涵与小学阶段的主要表现

小学是教学的基础阶段。数学作为这一阶段的重要学科，其教学的目的不仅在于帮助学生打下扎实的数学基础，更重要的是让学生具备良好的核心素养，以更好地适应社会的发展。

数学学科因其独特的特点，让其成为培养学生理性思维的最佳学科。在小学阶段，学生刚刚接触到数学，数学老师要注重培养学生的理性思维，让学生学会用数学的眼光来看待世界，提升学生数学能力，以更好地落实新课改的理念，完成对学生数学核心素养的培养。

一、提高学生的学习热情

学习兴趣是学生产生学习内动力的重要因素。在兴趣的驱使下，学生能够主动积极地完成学习，产生正面向上的学习心态，学起来将会非常轻松，同时感受到数学学习的乐趣。小学生本身的年龄比较小，情绪波动比较大，而如果能够有效调动起学生的情绪，将其转变为学习的热情，那么将可以激发出学生学习的积极性，让学生在整个课堂中保持高昂的学习状态。数学和现实之间紧密相连，在数学教学中，教师要从学生的认知发展特点出发，结合学生的日常生活来展开教学，让学生能够结合自己已有的知识和经验来完成对数学知识的构建。

小学的教学内容阶段性比较强，部分教师在教学时还没有注重各知识之间的衔接，想到哪个知识点就提到哪个知识点，导致学生不甚理解；有的教师以自己的思维和想法来制订教学的计划和内容，殊不知这种教学对于学生来说比较困难，很难理解其中的推理过程，如果学生无法理解教师所说的内容，那也就无从谈起学习的热情。因此，教师要尊重并且注重学生的认知发展规律，帮助学生打下扎实的基础，引导学生仔细观察并且思考事物的本身，学会用数学的眼光来看待日常的生活，能够透过生活现象来探知其中的数学知识，这样相较于传统的灌输式教学来说，更能够从本质上提升学生的数学核心素养。教师教学的切入点和学生的认知能力越贴合，那么学生学习起来就越轻松，越容易对学习产生热情。数学教师可以通过创设趣味教学情境，为学生营造出熟悉的场景，从而激活学生的思维，帮助学生理解和掌握抽象的数学知识。学生在趣味的情境中被调动起学习的热情，从而自觉走入情境，开动自己的脑筋，思索情境中的问题，自然而然地融入数学学习的过程中，并在已有的知识结构上纳入新的知识，不断扩充知识框架，提高其学习的效率。

二、提高学生的独立思考能力

无论什么时候，独立思考能力至关重要，也是创新的第一步。只有思考才能够有新的认知，在原有的基础上去完成创造。为了提高学生的理解能力，教师可以从学生的经验知识出发，为学生创造出与其日常生活接近的问题情境，让学生能够在该情境下联想到数学问题，在自己所熟悉的场景下展开思考，从而帮助学生去发现问题、分析问题、解决问题，提高其数学水平。在小学阶段，教师要通过不断循环的方式，来帮助学生复习已经学过的知识，在不断地重复当中让学生能够吸纳更多的知识，利用问题引导学生主动思考，将学生的注意力集中于数学问题之上。为了降低学生学习的难度，教师可以通过设置问题串的方式将知识分割为小的知识点，利用问题将其串联起来，环环相扣，带动学生思考，让学生在探索欲的驱使下解决数学问题，将数学课堂转变为解决问题串的过程。相对于灌输式的教学来说，教师更应该让学生自己去掌握数学知识，向学生明确其学习的方向，借由学生自己的猜测来主动验证，激活学生的思维，调动已有的知识和经验，在探索当中去领悟数学的思想方法。但是小学生本身在学习能力、理解能力和思考能力上还有待提升，而数学知识又有着一定的抽象性和复杂性，所以小学生在一开始仍然需要教师去引导，在老师的帮助下提出问题。教师可以为学生营造出良好的思考氛围，集中学生的注意力，培养学生良好的学习习惯。特别是在小学阶段，课堂很容易出现偶发事件，教师要发挥自己的教学智慧，将其作为教学的资源，始终引导学生围绕着数学问题进行思考，保持课堂教学的有序性，能够张弛有度地进行讨论。小学生在拿到问题时常常不知道应该如何解题，所以教师要培养学生的学习能力，让学生能够掌握思考的方式。在教学前，教师要留给学生足够的思考时间，结合基本学情来选择合适的启发方式。教师要明确学生是学习的主体，所以无论是在学生思考还是在回答时，要充分尊重学生，及时引导学生，给予学生准确的反馈，并根据学生的回答来调整教学的方式以及内容。在全新的教学背景下，更重要的是引导学生主动思考，所以在数学教学中，教师要注重对学生的启发，以问题为引领，让学生学会思考、善于思考、勤于思考。教师要找到自己的教学风格，展现数学的魅力，从学生的数学能力和实际情况出发，对学生进行指导，帮助学生养成独立思考的习惯、提高独立思考的能力。

三、掌握数学思想方法

数学教学本质其实是思维探究的活动。在传统的小学数学课堂中，教师往往以自身为主体，对学生进行灌输式的教学，这往往会导致课堂氛围枯燥乏味，学生只会死记硬背。在新课改背景下，越来越多的教师认识到数学活动的重要性，也积极探索了诸多的教学方式，但是往往课堂中呈现出了热闹的氛围，而实际的教学效果却不甚理想，究其原因在于活动没有明确的目标指向，只是为了活动而活动。因此，教师要端正自己的认知，即数学活动的最终的目的是带动学生思考，所以其活动的核心是思维活动；教师要通过活动来激活学生的思维，体现出数学的特点，任何活动形式都要为数学教学所服务。教师可以让学生去比一比、算一算，让学生自己动手去实践，在自主思考的前提下展开小组合作，充分发挥学生的主观能动性。

另外，数学练习也至关重要，在传统的数学教学中，教师往往会采取题海战术来对学生进行训练，但这是脱离学生实际的训练。如果只是为了追求量，那么只会增加学生的学习负担，更有甚者会引起学生对数学学习的反感情绪。因此，教师要从学生数学学习的需求出发，丰富练习的方式，结合学生的兴趣爱好来设计多种作业完成形式。例如，教师可以结合学生喜欢的闯关游戏来设置数学练习，也可以故意出示一篇有诸多错误和漏洞的数学笔记，让学生结合已学的知识和经验去进行修改。教师作为教学的引导者，要相信学生，鼓励学生自己去动手动脑，让学生借由亲身实践获得直接经验，用生动形象的方式展现出抽象复杂的内容，从而提高学生的学习热情。教师在教学中，还要注重让学生去积累活动的经验，为学生数学核心素养的形成打下扎实的基础。从数学和生活的关系上能够看出，数学教学就是要引导学生从日常生活上升到对数学的正确认知，将学生的感性认知转变为理性认知。

数学知识不仅仅是教材中的知识，同时还有包含在数学活动中的理性知识，这种知识相对于教材里的内容来说更是一种以经验为基础的数学素养。借由活动的参与，能够让学生通过自己的思考，将原本模糊说不清的知识转变为清晰明确的体验，所以活动是学生的亲身感受，教师要给予学生充分的探索时间和实践空间，提高学生实践的自信心，培养学生的主人翁意识，在动手动脑的过程中，提升学生的数学能力，发展学生的多元认知，不断提高学生活动经验的质量。在小学阶段，主要的数学思想方法包括分类结合思想、划归思想、数形结合思想等。教师要明确学生数学思想的学习过程，改变传统的灌输式教学，引导学生循序渐进、由浅入深地进行学习；要根据不同的思想方法，采取不同的教学方式，提高学生对于数学思想方法的应用能力，帮助学生构建起完整的数学知识体系。

四、提高学生的思维能力

在数学教学中，培养学生的数学思维能力至关重要。数学教师要从整体出发，有计划、有针对性地培养学生的整体思维，从一年级开始就制订出切实可行的教学计划，帮助学生从直线思维转变为逻辑思维，用整体的眼光对知识进行整合，完成系统化的教学，让学生能够掌握数学的基本思维方法，透过现象看到本质，提高学生数学思维能力。数学教学对学生最直接的效果在于帮助学生形成严谨的逻辑思维，教师需引导学生用数学思维方法去进行学习，可以用趣味性的练习来训练学生的逻辑能力，让学生能够更好地理解和掌握数学概念、定理等，为学生打下扎实的数学基础。教师要根据学生的身心发展规律来循序渐进地教学，在教学的过程中要有意识地渗透数学思维方式，降低学生学习的难度，让学生在不知不觉当中提高自身的逻辑思维能力。

除了逻辑思维能力，非逻辑思维能力对学生的数学学习也至关重要。在数学学习中，主要思维是抽象思维，但是形象思维也有着抽象思维不可替代的优势。由于数学知识本身有一定的抽象性，利用形象思维引导学生理解抽象的概念，能够产生直观的印象，帮助学生进行数学学习，形象思维还能够帮助学生去应用数学知识。所以，教师要重视对学生直觉思维的训练，让学生能够具有良好的思维敏捷性，即便对数学问题没有明确的思考过程和解答结果，但是能够依靠直觉来得出结论，从而引导学生根据结论来进行验证和推导。

在教学实践中，教师应及时抓取到学生的数学灵感，让学生能够体会到学习的乐趣。灵感虽然是一种刹那间的潜意识产物，但事实上它和长期的思维积累有关，学生只有具备了一定的学习和思考基础，才会在某一个时刻产生灵感。因此，教师要加强对学生思考能力的培养，让学生能够坚持不懈地反复推敲，仔细思考，当然适当的放松也非常必要，通过张弛有度的训练，让学生能够产生下意识的行为，从而创造出迸发灵感的机会。由于灵感转瞬即逝，所以及时记录也至关重要，教师要能够从学生的表现中了解学生的心理，帮助学生抓取灵感，借由灵感来培养学生良好的思维敏捷性，提高学生创新能力。

五、通过应用强化数学素养

由于数学和日常生活之间紧密相连，数学知识可以解决实际问题，所以数学本身也有着较强的实践性，教师可以通过知识的应用来不断强化学生的数学素养。如果只是单纯地对学生进行理论知识的教学，学习只是停留于书本，而忽略了对知识的应用，学生最后往往会学成"书呆子"。在数学教学中，教师应该让学生从日常生活出发去应用数学知识，探寻数学和现实生活之间的联系。教师要知道，再有趣的活动也无法代替学生自己的亲身感受，学生只有自己去经历、去体会、去总结、去完善，才能够真正将知识内化融入自己的知识体系当中。数学本身有着一定的复杂性，所以教学就不能仅仅局限于数学本身，要加强数学和生活以及其他学科之间的结合，让学生能够从一个点进行思维发散、拓展认知。学生的数学问题解决能力，只有在应用中才能够体现，教师要让学生具备应用的意识，自觉使用所学知识来解决实际问题，并在应用中感受数学学习的乐趣，体会数学的应用价值。学生在解决问题的过程中，用自己的数学思维展开思考，调动已有的知识，专注于问题的解决，在解决的过程中积累经验，内化为数学素养。随着问题的解决，学生的成就感也随之而来，从而转变成学习的热情，进而形成积极向上的学习态度，体现自我价值。这样能够更好地培养学生的数学核心素养，学生只有善于观察日常生活，能够在习以为常的生活现象中挖掘出数学知识，把握数学和生活之间的关系，感受数学的应用价值，才能够形成良好的数学核心素养。教师可以从学生的性格特点、数学水平等出发来对学生进行分组，让学生通过小组合作得到更多的发展机会，培养自身的特长。教师要明白每一个学生都是独立的个体，能力各有不同，不能用同一个内容标准要求所有学生，要促进不同水平的学生都有所发展，让每一个学生都能够得到进步和提高。通过组织课外兴趣小组做好教学的延伸，让学生能够接触到更加广阔的数学世界，同时也给予学生更多的交流和探讨的机会，让学生在讨论中完成思想上的碰撞，提高学生的反思意识，以更好地培养学生的数学素养。

综上所述，在小学阶段，数学教师要践行新课改的教学需求，重视对学生思维能力的培养，让学生学会用数学的眼光来看待世界，用数学的思维方式来思考问题，用数学知识来解决问题，提升学生的理性思维，培养良好的数学核心素养。

第三节　核心素养视域下小学数学教学实施建议

现代教育背景下，小学数学教师除了要向学生传授必要的数学知识之外，还应注意培养学生的核心素养。特别是《义务教育数学课程标准（2022年版）》明确了义务教育阶段数学课程要培养的学生核心素养，因此教师更加应该重视小学生的数学核心素养培育工作。基于此，笔者探索核心素养视域下的小学数学教学方法，希望能够促进小学数学教学质量的提升，以及小学生数学核心素养的发展。

《义务教育数学课程标准（2022年版）》确立了以核心素养为导向的数学义务教育阶段课程目标，强调教师应当注意引导小学生在数学学习的过程中逐渐形成和发展必要的核心素养，以使其在未来能够适应社会和个人发展。核心素养培育是一项长期坚持方能见成效的工作，而小学阶段作为学生核心素养发展的萌芽期，更应重视学生的核心素养培育工作。从现状来看，部分学校对此重视程度不够，或者缺乏相关经验，从而影响了小学生的核心素养培育情况。

一、小学数学核心素养概述

《小学数学课程标准》用"三会"概括了义务教育阶段学生应当具备的数学核心素养，即学生应当会用数学的眼光观察现实世界，会用数学的思维思考现实世界，会用数学的语言表达现实世界。深入解读数学新课标后，可以发现小学数学的核心素养培育重点应当集中在培养小学生的数学直觉、意识、思维以及能力等方面，包括数感、量感、符号意识、运算能力、几何直观、空间观念、推理意识、数据意识、模型意识、应用意识和创新意识。基于小学生的思维发展水平，其思维形式更多以具象为主，因此在核心素养培育方面也就更加侧重于意识层面，也就是引导其以经验为基础获得相应的感悟。新课标确立了以核心素养为导向的数学教学理念，并且倡导教师不断改进和创新教学方法，在此基础上有效培养学生的数学核心素养。

二、基于核心素养的小学数学教学方法

（一）激发学生学习兴趣

核心素养视域下，教师想要在数学教学的过程中培养小学生的数学直觉、意识、思维以及能力，必须让小学生主动去看、去学、去想、去做。想要做到这一点，教师应当采取有效措施激发学生的数学学习兴趣。兴趣是最好的老师，这一点是古今中外众多教育名家都极为认可的。然而，想要激发小学生的数学学习兴趣，教师要多管齐下才能获得显著成效。首先，教师要注意培养师生感情，以仁爱之心获得学生的关注和认可，这样学生才会愿意认真听其讲课，主动配合其开展一系列的课堂学习活动。其次，增强课堂导入环节的趣味性，上课伊始就能抓住学生眼球，激发学生学习兴趣。如在教学人教版六年级上册"圆"这一课时，教师可以采用图片导入的方式，利用多媒体设备播放一系列圆形物体的图片，如古意悠然的圆形门洞、高大的摩天轮、彩虹色的圆形棒棒糖、印有卡通图案的圆形餐盘等，色彩艳丽的图片能够迅速抓住学生目光，激发其对本课的学习兴趣。最后，教师还应结合小学生的认知发展规律、兴趣点等来选择教学方法，这样也能更好地激发小学生的数学学习兴趣。比如，教师通过创设情境、设计游戏等方式来开展教学活动。如在教学人教版五年级上册"可能性"这一课时，教师就可以设计一个抽奖游戏，借助游戏激发小学生的学习兴趣，促使其主动去探究本课知识。

（二）凸显学生主体地位

核心素养培育并非朝夕可成之事，需要教师长期坚持。而且，无论是数学直觉、数学意识，还是数学思维、数学能力，都需要学生在数学学习的过程中主动获得，这就要求教师在课堂教学的过程中要注意凸显小学生的课堂主体地位。想要做到这一点，教师应当树立生本理念，以学生为中心开展教学活动，抓住一切契机引导小学生在独立思考、动手操作等过程中体会数学知识的形成过程，这样也能更好地培养小学生的核心素养。如在教学"分数的意义和性质"时，教师就可以引导小学生在动手操作的过程中感受"分数"的形成过程，进而帮助其深入理解分数的意义和性质。教师可让小学生提前准备 1 张纸，告诉小学生这张纸现在的状态就是"1"，之后再让其设法将这张代表"1"的纸均分为 4 份，新得到的这 4 份纸，每 1 份对于原纸来说都是 1/4。这样不仅有助于小学生理解何为分数，而且由于该过程是借助直观模型帮助学生理解抽象的数学概念，因此有助于小学生形成一定的模型意识，从而促进其数学核心素养发展。

（三）教学联系现实生活

《小学数学课程标准》以"三会"概括了数学核心素养，而这"三会"无一不与现实世界相关；而且发展学生核心素养的根本目的在于培养其适应未来社会的关键能力和品格，因此小学数学教师在开展教学活动时也应当根植于现实世界，也就是说教学要联系小学生的现实生活，这样才能更好地培养小学生数学核心素养。如在教学人教版六年级上册"百分数"时，数学教师完全可以联系现实生活开展此次教学活动。小学生对"百分数"的概念有所了解后，教师可以提出问题："同学们在日常生活中有没有看到过百分数？都在哪儿看到过？你知道那些百分数的含义吗？"经过教师的引导，小学生很容易就会想到自己在衣服标签、牛奶盒等处见到过百分数，然后在分析这些百分数的含义的过程中，对百分数的内涵有了更为深刻的认识。此外，教师还可以通过创设生活情境，将教学和现实生活联系起来。仍以"百分数"为例，教师为小学生创设了这样一个情境："老师有记账的习惯，上个月底我计算了一下自己一个月的花销，发现我这一个月花了 1350 元，其中 35% 的花销都用在了买食物上，那么问题来了，我这一个月买食物到底花了多少钱？"教师利用该生活情境能够有效培养小学生的应用意识、运算能力等，对其核心素养发展有益。

（四）组织开展小组合作

单纯依靠模仿和记忆的数学学习活动，对于小学生的核心素养发展不利，因此教师应当引导学生在实践操作、自主探索、合作交流等过程中开展数学学习活动。由此可见，教师可以通过组织学生开展小组合作的方式来促进小学生数学核心素养发展。小组合作能够让小学生在合作交流的过程中形成思维碰撞，这样有助于开阔其视野、拓展其思路，还能促使其在取长补短的过程中不断提升自身的数学思维、数学能力等。如在教学人教版六年级下册"比例"时，教师讲解完"正比例"的相关知识后，可以通过"泰勒斯测量金字塔"这个小故事引导学生以小组合作的方式探索"如何应用正比例知识解决现实问题"。当学生探索出相应答案之后，教师可以继续为其安排实践性的小组合作任务，如"依据探索出的问题答案，选择校园中的一棵树，设法采用正比例知识测量其高度"。通过这种方式可以进一步培养学生的应用意识、几何直观、模型意识等，从而有效促进小学生的数学核心素养发展。当然，为了确保小组合作的成效，教师应当做好小组划分、指导、辅助等方面的工作。

（五）鼓励学生大胆质疑

核心素养视域下，小学数学课程的目标之一就是培养学生质疑问难、自我反思和勇于探索的科学精神，这也是培养小学生创新意识的前提条件。因此，小学数学教师在教学过程中应当注意鼓励学生敢于质疑、反思，并在此基础上去发现、提出和探索问题，以此来促进自身创新意识、应用意识、逻辑思维等的发展。从现状来看，很多小学生缺少质疑的习惯和勇气，他们习惯于从教师处被动接受知识，很少主动去发现、提出和探索问题，这对其创新意识的形成不利。针对此种情况，教师可以通过创设问题情境，点燃小学生探索问题的热情，在此基础上引导其去质疑和解惑，从而促进其核心素养发展。以人教版四年级上册"除数是两位数的除法"的教学为例，有小学生利用"商不变规律"运算时发现这样一个问题，即计算 $470 \div 20$ 这个有余数的除法算式得出的商为 23，余数为 1，但是使用常规算法得出的商虽然同样是 23，余数却变成了 10。小学生对此提出质疑后，教师应当引导其去探索导致这一问题出现的原因。经过一番探索，小学生发现使用"商不变规律"运算时，事实上运用的算式是 $47 \div 2$，无论是被除数还是除数都只有原式数值的十分之一，故而由此得出的余数同样应当为原答案数值的十分之一，需将其扩大 10 倍方可获得正确答案。在这一系列的质疑、探索的过程中，小学生对"商不变规律"的印象更为深刻，同时他们也会感受到同样的题目可能有多个解法，这对其创新意识的形成是极为有利的。

（六）引导学生自主探究

小学生处于具象思维阶段，其抽象思维能力相对较弱。然而，部分数学概念、原理等本身具有较强的抽象性，尽管教师描述得再具体、再形象，小学生理解起来仍旧比较困难。因此，小学数学教师应当注意引导学生自主探究，利用导学案、任务驱动等方式引导学生通过一系列的探究学习活动来理解相关的数学概念、原理等。如在教学人教版六年级上册"圆"时，第一个知识点就是"圆的认识"，教师可以通过任务驱动的方式引导小学生自主探究圆的相关知识，在此基础上对"圆"形成一个初步的认识。具体而言，教师可以为小学生设计以下任务：①尝试用圆规画一个圆，思考用圆规画圆时应当注意什么。②你能找到圆的圆心、半径和直径吗？请把它们标在你画好的圆上。③在你的圆上画一画、量一量，还可以把你的圆剪下来折一折、比一比，看看同一个圆的半径和直径有何特点。借助这三个任务，可以激发小学生在观察、思考、操作的过程中对圆的画法，以及圆心、半径、直径等相关知识都有一个比较清晰的认识。

总之，随着《小学数学课程标准》的实施，培养小学生的数学核心素养已经成为数学教学的一个重要目标。教师在数学教学的过程中应当注意通过激发学生学习兴趣、凸显学生主体地位、教学联系生活、组织小组合作、引导自主探究等方式来促进小学生核心素养发展。当然，教师还应当注意建立以核心素养为导向的教学评价体系，这样才能更好地在数学教学的过程中促进小学生的核心素养发展。

第四节 "双减"背景下小学数学作业设计建议

教育的根本任务是立德树人。"双减"政策的实施突破了传统教育的束缚，优化了教育生态，有效减轻了学生的压力，为学生的健康发展营造了良好的环境，也为学生核心素养的培养带来动力。

"双减"政策与核心素养的提出可谓殊途同归，是同一事物的不同方面，是促进与被促进、保证与被保证的关系，是持续全面推进素质教育、落实立德树人根本任务的重要举措。"双减"政策是以发展学生身心健康为根本，促进学生全面均衡发展的一项国家教育战略，对转变教师的教学思想、教学方法有积极的作用。为此，教师要根据"双减"政策的指引，充分利用"双减"政策为课堂教学和课外活动带来的赋能，优化教学模式，拓宽教学活动路径，丰富活动内容，推动学生核心素养的养成，确保立德树人根本任务的实现。

一、"双减"背景下小学数学核心素养培养中存在的问题

（一）忽视学生的主体地位

当前，诸多研究从不同方面论述了教师和学生在教学中的相应地位，明确教师不应只是知识的传播者，更应该是学生学习的思想启发者与道德促进者，并应以学生为主体，根据学生的个体差异，引导学生个性化成长。"双减"政策实施以来，在课堂教学、课后服务中"以学生为中心"的理念更加深入。但在实际实施过程中，由于教师承载的任务较多，为了完成教学任务及学校安排的其他工作，教师常常忽略了学生的主体地位，没能达到理想的教学效果，一定程度上影响了学生核心素养的培养。

（二）教学模式缺乏创新

小学生处于身心快速成长的过程中，正是形成空间观念、培养逻辑思维能力、提高学生创新能力和科学探索能力的关键时期。据调查研究，"双减"实施以来，大部分教师已转变教学理念，并随着信息技术和网络的发展，教学手段逐步呈现多样化。但当今社会发展迅速，社会对人才的需求量提高，科学技术对人才的要求越来越高，创新成为社会发展的第一驱动力，使得教师过度关注学生理论知识水平的提高，一定程度上阻碍了教师教学思路和教学模式的创新。教学模式长期固化，会削弱学生的学习兴趣和求知欲，使学生对学习数学产生排斥心理，不利于学生的长远发展。

二、"双减"背景下小学数学核心素养培养的策略

（一）深入挖掘教材内容，提升学生技能

小学数学主要培养学生认数、计算、测量、统计等数学知识与技能，让学生掌握基本的数学思想与方法，认识数学对现实社会和生活的作用与价值，这些都体现在教材的各部分内容中。在教学时，教师应全面认真地研读教材，挖掘蕴含的数学素养元素，包括文字、插图、例题、习题等，在深入理解教学内容的基础上，准确引导学生理解知识的发生、发展过程，分析、思考不同部分之间的逻辑关系，将教材中蕴含的核心素养元素具象化，把培养学生的核心素养落到实处。例如，在"平行四边形的面积计算"的教学中，通过理解平行四边形的面积公式，让学生掌握基本图形的面积计算方法，进而解决生活中与此相关的实际问题。这只是课堂教学的一部分，重点是通过平行四边形面积的学习，发展学生的空间观念、符号意识、模型意识、应用意识等。

（二）密切联系学生实际，让学生体会数学的应用价值

数学教育的目的在于培养学生的数学思维，分析与数学有关的生活现象，解决生活中的数学问题。"双减"政策的实施，规定了学生的作业时长，给学生留出了可自由支配的时间，为学生进行实践操作创造了条件。在数学学习中，涉及与生活密切相关的内容，教师就可以根据授课内容把学习内容与学生的生活实际相结合，设计一些实践操作、亲子游戏、数学小实验等实践活动，让学生在实践活动中感受知识的发生、发展过程，以及数学与生活的密切联系，体会数学的应用价值。例如，在引导一年级学生学习"加减法"时，教师没有按照教材编排的例题练习，而是在信息技术的支持下，抓住学生们喜欢看动画片的特点，收集学生经常遇到的生活问题编排成动画游戏，营造愉悦的学习环境，让学生在玩游戏的过程中习得知识，掌握技巧，积累解决实际问题的经验。这样，通过联系生活元素，在解决实际生活问题的过程中提升学生理性思维、严密求证、逻辑推理的能力，把核心素养的培养渗透到生活的各个方面。

（三）构建知识体系，培养学生应用知识的能力

数学核心素养的培养要在数学知识的形成、发展和应用中完成。小学阶段是知识体系构建的初始阶段，数学基本概念是构建数学知识体系的核心，包含基本公式、法则、性质、定律、定理等基础知识，这些知识需要学生融会贯通、全面掌握，并要在实践中深入应用，领会其中的内涵，将其转化为基本的运算、测量、画图等技能，从而培养学生的实践应用能力。"实践出真知。"只有把所学知识反复地应用于实践，才能找到知识之间的联系，形成系统的知识体系。实际上，在"双减"背景下，为强化小学生数学核心素养的培养，知识与技能的融合势在必行。例如，在平面图形的学习中，不同学段需要认识一些常见的平面图形，掌握这些平面图形的概念、画法、表示，教师就根据图形的特征和学生的年龄段组织一些剪一剪、拼一拼、画一画、捏一捏的实践操作活动，锻炼学生的动手能力。同时，根据活动主题，渗透传统文化，让学生感受中华传统文化的博大精深，培养爱国主义情感。这不仅发展了学生的多元智能，全面提升了学生的核心素养，还丰富了课堂活动，真正达到了"双减"提出的提质增效的目的。

（四）注重过程，强调合作

虽然素质教育已推行多年，但受教育考试制度和"学而优则仕"的传统思想影响，教师的教育观念并没有完全转变。在实际数学教学中，大部分数学教师重结果轻过程，依然通过大量的练习达到学习知识的目的，学生套用模式，思维固化。这种模式不但没有有效

提高学生的运算能力，还犯了以偏概全的错误，甚至把"数学运算"等同于核心素养来培养，使得部分学生对数学产生了消极懈怠的心理。数学是与生活密切联系的一门学科，"生活处处有数学"。数学教学更不能脱离生活而进行。为此，数学教师应结合社会发展，密切联系学生的生活实际，根据课程需要融合核心素养的六个方面，开展一些社会实践探究活动或在教师指导下做一些项目式小课题研究，拓宽学生的活动范围，让学生在一定的时空内探寻知识的生成、发展过程，学会掌握知识并应用知识。同时，还能拓展学生的思维，激发学生的潜能，在用所学知识解决生活问题的过程中提升他们与人合作交流的能力，进而提升学生的综合素质。

（五）实施多元评价体系，塑造学生良好的品格

准确、合理的评价不仅能全面了解学生学习数学的过程和结果，还能激励学生，增强学生学习的自信心，并能帮助教师及时改进教学方案。《小学数学课程标准》明确指出："要关注学生学习的结果，更要关注他们的学习过程，要关注学生数学学习的水平，更要关注他们数学活动中所表现出来的情感与态度。"可见，对学生的学习评价，不应只关注课堂上的学习结果，重点应关注学生的学习过程及其表现。教师通过观察，累积一些学生常见的课堂表现及期望学生达到的要求，尊重学生的差异，坚持实事求是的态度，制成"课堂评价量表"，实行动态化的评价制度，将其作为阶段评价的依据，调动学生参与的积极性，并通过及时的评价和鼓励约束学生的学习行为，端正学习态度，引导学生形成积极向上的学习品格。在此过程中，教师应将评价标准、评价主体多元化，把形成性评价、终结性评价及判断性评价有机融为一体，形成综合性评价。例如，在开展"我是小小建筑设计师"的课外主题活动时，除评价学生对几何概念的理解、图形画法的掌握和应用外，还应从课堂教学、课外活动的参与度、参与活动的态度等方面，通过教师评价、学生自评、同学互评等方式完成"课堂评价量表"。同时，教师帮助学生组织一个小型的"作品展"，在校园文化走廊中展出作品，组织不同年级的师生进行评价、学习，增强学生的成就感。还可以利用新媒体的优势，将作品发布在钉钉群、微信群中，让家长也参与进来，加强家校合作的联系，让家长了解学生的学习动态，支持教师的工作。这对学生数学核心素养的培养及后续的学习起到了积极的作用。

综上所述，学生核心素养的培养是一个长期的、系统的工程。"双减"政策的实施，为培养学生的数学核心素养提供了保障，教师应立足实际，以学生为本、以教材为载体，在教育教学活动中以严谨、务实的态度坚持实践反思与理论学习，积极探究培养学生数学核心素养的有效路径。

第二章 小学数学教学原则

第一节 数学教学原则概述

一、教学原则的含义

教学原则是根据教育、教学目的，反映教学规律而制定的指导教学工作的基本要求，是有效进行教学必须遵循的基本要求和原理，是在总结教学实践经验基础上根据一定的教育目的和对教学过程规律的认识而制定的指导教学工作的基本准则。

教学原则是根据教学目的，反映教学规律而制定的指导教学活动（教师的教和学生的学）的基本原理和准则。教学原则贯彻于教学过程的各个方面，它既指导教师的教，又指引学生的学。教学原则反映了人们在特定历史条件下对教学活动的本质性特点和内在规律性的认识，是基于一定的教育理想和教学目标而制定的教学实践行动指南。

教学原则是一个历史发展的概念。在不同的历史条件下，基于不同的教学实践与教学目标，人们提出的教学原则也存在差异。讨论教学原则的内涵，首先，要考虑它研究的特定教师与学生，即小学阶段的教学要具有小学教学的一般特征，这就是小学教学的基本原则。其次，讨论教学原则还要考虑它研究的特定学科教学，这就是学科教学的基本原则。

二、小学教学的基本原则

小学数学教学属于一般教学，符合一般教学的基本规律，遵循所有小学教学应该遵循的原则。目前关于一般教学原则的内涵阐述还未形成定论，但比较有代表性的观点是"直观性原则""启发性原则""巩固性原则""循序渐进原则""因材施教原则""理论联系实际原则""量力性原则"和"思想性与科学性相统一原则"。

（一）直观性原则

直观性原则，是指在教学中要通过学生观察所学事物或教师语言的形象描述，引导学生形成所学事物、过程的清晰表象，丰富他们的感性知识，从而使学生能够正确理解书本知识、发展认知能力。贯彻直观性原则的基本要求：正确选择直观教具和现代化教学手段；直观要与讲解相结合；重视运用语言直观。

（二）启发性原则

启发性原则，是指在教学中教师要承认学生是学习的主体，注意调动他们的学习主动性，引导他们独立思考，积极探索，生动活泼地学习，自觉地掌握科学知识、提高分析问题和解决问题的能力。贯彻启发性原则的基本要求：调动学生学习的主动性；启发学生独立思考，发展学生的逻辑思维能力；让学生动手，培养独立解决问题的能力；发扬教学民主。

（三）巩固性原则

巩固性原则，是指教学要引导学生在理解的基础上牢固地掌握知识和技能，长久地保持在记忆中，能根据需要迅速再现出来，以利于知识技能的运用。但是，这并不意味着死记硬背，只要记住最基础、最核心的内容就可以了。贯彻巩固性原则的基本要求：在理解的基础上巩固；重视组织各种复习；在扩充改组和运用知识中积极巩固。

（四）循序渐进原则

循序渐进原则，又称系统性原则，是指教学要按照学科的逻辑系统和学生认识发展的顺序进行，使学生系统地掌握基础知识、基本技能，形成严密的逻辑思维能力。贯彻循序渐进原则的基本要求：按教材的系统性进行教学；抓住主要矛盾，解决好重点与难点的教学；由浅入深、由易到难、由简到繁。

（五）因材施教原则

因材施教原则，指教师要从学生的实际情况、个体差异出发，有的放矢地进行有差别的教学，使每个学生都能扬长避短、获得最佳的发展。因为学生的身心发展各有其特点，尤其在智力才能方面更有他们各自的兴趣、爱好和擅长，只有因材施教才能扬长避短，把他们培养成为社会上有用的、杰出的人才。贯彻因材施教原则的基本要求：针对学生的特征进行有区别的教学；采取有效措施使有才能的学生得到充分的发展。

（六）理论联系实际原则

理论联系实际原则，是指教学要以学习基础知识为主导，从理论与实际的联系上去理解知识，注意运用知识去分析问题和解决问题，达到学懂会用、学以致用。贯彻理论联系实际原则的基本要求：书本知识的教学要注重联系实际；重视培养学生运用知识的能力；正确处理知识教学与技能训练的关系；补充必要的乡土教材。

（七）量力性原则（可接受性原则）

量力性原则，是指教学活动要适合学生的发展水平。这一原则是为了防止发生教学难度低于或高于学生实际程度而提出的。教学活动要讲究效率，在同样的时间内，学生所学越多则教学效率就越高。但是，教学效率的获取必须以符合学生身心发展规律为基础，脱离了这个基础，不仅教学效率本身是不可靠的，还会对小学生的发展造成消极的结果。

（八）思想性与科学性相统一原则

思想性与科学性相统一原则，是指教学要在科学的方法论的指导下进行。这一原则是为了将教学中科学知识的传授学习与思想品德教育统一起来而提出的。小学开设的各门课程，是按照教育的根本目标选择安排的，一般地说，在科学性和真理性上是有保证的，这些课程的学习，对于学生思想品德形成发展的作用必然是积极的和肯定的。但是，对于小学生来说，完全凭借科学真理的思想品德教育价值去直接、自动地发挥作用是不够的，需要教育者引导和挖掘，使之充分地对受教育者产生熏陶作用，对于理性和逻辑思维能力尚处于十分稚嫩阶段的小学生来说尤其如此。

三、小学数学的教学原则

小学数学教学原则是根据小学数学的特定教学目的，反映小学数学教学规律而制定的指导小学数学教学活动（教师的教和学生的学）的基本原理和准则。

结合小学数学的内容特点、学生认知基础和我国小学数学教学的现实与需要，小学数学教学的基本原则应当包含以下四点：直观与抽象相结合的原则，归纳与演绎相结合的原则，原型与模型相结合的原则，算法与算理相结合的原则。

小学数学的教学原则有如下几个特点。

①源于教学实践，即教学原则的生成与教学实践密切相关，是人们在教学实践中不断探索，经过多次的抽象与反复的概括的结果。

②基于教育目的，即人们总结自己的行为并概括出某些规律的基础就是对教育目的的认识，而对教育本质的不同诠释，就会产生不同的教学原则。

③具有发展性。教学原则不是一成不变的，而是一个发展的和动态的准则，它受到科学技术发展的制约，也受到人们价值观和认识方式的制约。

第二节 直观与抽象相结合的原则

一、原则的基本含义

数学具有高度的抽象性，数学研究的是从具体内容中抽象出来的形式、结构和数量关系。也就是说，数学是在纯粹状态下以抽象形式出现的理想化的各种模式。

数学的抽象只保留了数量关系和空间形式，摒弃了其他的一切。数学是在人类生产生活的实际需要中产生和发展的，如人们从 5 个手指头、5 只羊、5 个人、5 步远、5 个人高、5 个白天等物体的个数、长度、高度、时间等现实概念中抽象产生了数字 5，用它来表示一类量。由于要建造房屋等生活设施，人们要量地的长宽、测量物体的长宽高等，从物体的具体形状中逐渐抽象出点、直线、线段、三角形、长方形、长方体、圆等几何概念。

人们除了从现实生活和生产实践中抽象出概念和运算之外，还从数学结构出发，抽象出新的概念和运算法则，通过逻辑推理来建构新的数学，如复数和非欧几何。所以说，数和形的概念来自人们对现实世界具体对象的抽象概括。纯数学的对象是现实世界的空间形式和数量关系，是非常现实的材料，这些材料经过想象创造、抽象概括，以极度形式化的结果出现，再借助逻辑的力量将它们巧妙地连接起来。

如果把抽象的数学内容直接呈献给小学生，小学生是很难接受的。因为小学生的思维特点是以具体形象思维为主，逐渐向抽象逻辑思维过渡，但是逻辑思维是初步的。因此，数学教师应当把抽象的数学内容，以直观形象的形式展现出来，让小学生在从直观到抽象的过程中学习数学。这就需要教师对教学材料进行适当加工，将数学的逻辑结构和小学生的心理结构与认知结构有效地结合起来，科学合理地设计和实施有效的数学教学。

由此就产生了小学数学教学的一条基本原则，即"直观与抽象相结合的原则"。该原则的内涵是教师借助所要教授的抽象数学内容的直观载体，学生通过直观载体，借助视觉、听觉和想象建立具体而清晰的表象，再进行抽象概括、推理论证等思维活动，理解和掌握所学的数学内容。同时，该原则也要求教师关注学生的认识过程，让学生从感性认识逐渐上升为理性认识。

在小学数学教学中，如何落实"直观与抽象相结合的原则"，引导学生从直观逐渐过渡到抽象呢？可以沿着以下四个阶段进行：实物—表象—符号—关系。这也是数学学习的四个基本阶段。

二、原则的实施策略

数学的抽象性与小学生思维的直观形象性之间的差异，要求在小学数学教学中使用"直观与抽象相结合的原则"。该原则的要义是利用多种感官使学生获得大量感性认识，其目的是在此基础上使学生由抽象概括上升到理性认识。因此，小学数学教学要从具体到抽象，帮助小学生获得清晰的数学概念。

（一）采用多种直观手段

直观教学手段，按照具体化过程可以分为实物直观、模型直观、图形直观和语言直观。

①实物直观，让学生观察现实生活中的实际物体，来直观感知数学的具体对象。例如，钟表、人民币、米尺、天平等就是学生认识时间、货币、长度和质量的直观实物。实物直观具体实在，有助于学生学习比较原始化和比较生活化的数学概念和关系。

②模型直观，让学生观察实物的模型或者教具，来直观感知抽象的数学对象。如进行整数运算时，使用的计数器。再如求圆面积时，将圆分割成很多小扇形，重新拼成近似于长方形的教具。又如教授"方程的认识"时使用的天平模型等。模型比较好操作，成本也比较低，能近似直观地解释抽象的数学概念和原理。

③图形直观，利用图像、视频等影像资料，来帮助学生直观感知抽象的数学对象。例如，教学挂图、情境图、模型图等。此外，在理解分数的意义、解决行程问题时画出的线段图、圆形图等，借助数形结合的手段，可以帮助学生比较直观地理解抽象的数学问题。

④语言直观，利用生动形象、妙趣横生的语言，来帮助学生理解抽象的数学对象。例如，数字儿歌——"1 像铅笔能写字，2 像鸭子水中游，3 像耳朵能听话，4 像小旗迎风飘，5 像钩子能钩物，6 像哨子嘟嘟响，7 像镰刀割青草，8 像葫芦空中摇，9 像勺子盛稀饭"，有助于学生认识、记忆和书写数字。

（二）发挥表象的中介作用

表象是曾经感知过的事物不在面前时在脑中重现出来的形象。表象具有直观形象性和概括性，它反映的是事物共同的表面形象特征。小学生的具体形象思维向抽象逻辑思维的过渡，就是依靠表象这一中间环节来实现的。

教学中运用直观，可以形成和积累表象，从而过渡到抽象思维，达到理解抽象数学概念和原理、分析和解决数学问题的目的。例如，分豆子的表象就有利于学生理解带余除法的概念，分小棒的表象就有利于学生理解除法竖式的计算过程。再如，用假设方法解决鸡兔同笼问题，其本质也是依据表象来完成的。

第三节　归纳与演绎相结合的原则

一、原则的基本含义

推理是数学的明显特征，推理一般包括归纳推理和演绎推理。归纳推理是根据已有的事实和正确的结论（定义、公理、定理等）、实验和实践的结果以及个人的经验和直觉等推测某些结果的推理过程。演绎推理是根据已有的事实和正确的结论（定义、公理、定理等），按照严格的逻辑法则得到新结论的推理过程。

归纳推理得到的结论是或然的。在解决问题的过程中，归纳推理具有猜测和发现结论、探索和提供思路的作用，有利于创新意识的培养。演绎推理得到的结论是必然的。数学结论的正确性必须通过演绎推理或逻辑证明来保证，即在前提正确的基础上，通过正确使用推理规则得出结论。归纳推理和演绎推理之间联系紧密、相辅相成，两者结合起来，就构成了数学推理的基本过程。

因此，在小学数学教学中，要将归纳推理和演绎推理结合起来。具体操作过程可以这样进行：先用归纳推理发现结论，再用演绎推理证明结论；先用归纳推理探索解决问题的思路或者预测答案，再用演绎推理解决问题进行论证；先用归纳推理发现一门学科的基础知识，再用演绎推理将这些基础知识整理成逻辑严谨的结构体系，形成学科的基本框架。

二、原则的实施策略

一般情况下，数学好的人，推理能力比较强。因此，学习数学有助于培养推理能力。归纳与演绎，是小学数学中两种最为基本的推理形式。我们主张"归纳与演绎相结合"的教学原则，其实是强调两者不可偏颇。

（一）把握"观察—归纳—证明"的基本思路

"观察—归纳—证明"符合我们的认识习惯，很多数学结论的教学都是采用这个思路进行的。

（二）把握"计算其实也是推理"的基本道理

在小学数学中，计算占有较大比重。有时候，我们仅仅关注计算程序化的操作（表现为算法），而忘记了其中隐含的推理成分（表现为算理），更没有注意如何用算理指引计算和发现其他的计算方法。

类比推理是根据两个或者两类事物的某些性质相同或者相似，推测另外一些性质相同或者相似的方法。类比思维是这样的：已知事物 A 具有性质 a、b、c，事物 B 具有性质 a、b、c，又发现事物 A 具有性质 d，于是猜想事物 B 也具有性质 d。可见，我们在推断事物 B 的性质时，参照了事物 A 的性质。

数学中的类比十分丰富，包括简单与复杂的类比、数式与图形的类比、高维与低维的类比、有限与无限的类比以及精确与可能的类比。数学发展史上，很多重要结论的发现，许多疑难问题的解决，都是使用类比的方法完成的。

在小学数学中，类比是一种常用的推理方式，只要我们善于寻找两个数学对象之间的联系，就可以借助一个事物的已有性质得到另一个事物的相似性质。例如，联想除法和分数的关系，要探讨分数的性质，就可以联想除法的基本性质，由除法商不变的性质得到分数的基本性质；联想比与分数的关系，探索比的性质时，可以联想分数的性质，由分数的基本性质得到比的基本性质；联想小数与整数的关系，在进行小数的运算时，可以联想整数的运算；联想梯形和三角形的关系，在探索梯形的面积时，可以联想三角形面积的探索方法；联想三角形和锥体与相应的平行四边形和柱体的关系，在探索锥体的体积时，想到三角形的面积。其实，数学中的类比是很多的，只要我们展开联想，就可以找到相近事物之间的某种特殊而神秘的关系。

第四节　原型与模型相结合的原则

一、原则的基本含义

数学的研究对象极为广泛。但是，数学并不是一个现实问题接一个现实问题的单个进行研究，这样怎么也研究不完，而且没有系统性和整体性。数学是将很多现实问题进行分类整理，做必要的简化假设，抽取数量关系和空间形式，数量关系和将空间形式相同的问题分为一类，再将其核心的数量关系和空间形式用学科语言转化为一个数学结构进行研究。

现实世界的一个个的真实问题叫作现实原型，从一类真实问题中抽取出来的数学结构叫作数学模型。例如，从现实世界中的桌面、黑板表面、书本表面、墙面、地板砖表面等抽象形成了长方形的概念。那么桌面、黑板表面、书本表面、墙面、地板砖表面等便是长方形的现实原型，而长方形就是它们的数学模型。从这个角度说，数学中的很多概念、公式、定义、命题、法则等都可以看作数学模型。

可见，数学模型是一个抽象的概念，不适合小学生直接学习。而现实实例是一些具体生动的案例，容易被小学生所接受。并且仅仅学习单一实例，又上升不到理论的高度。因此，从数学的抽象性和儿童思维的形象性出发。小学数学教学要遵循"原型与模型相结合的原则"，借助典型的现实原型，从中抽取数量关系和空间形式，形成数学模型，借助模型的研究，既形成数学理论，又研究现实问题。

因此，"原型与模型相结合的原则"，要求在数学教学中针对抽象的数学概念和命题，利用学生可以理解的形象直观的、生动具体的现实原型来说明，通过原型的逐渐抽象与概括来帮助学生理解抽象的数学内容。在小学数学中，通过一个典型问题的解决，带动相关问题的解决，由一个到一类，逐渐深化拓展，达到触类旁通地解决问题的目的。这样数学的理论抽象性和广泛应用性才能逐渐被小学生所接受，这样的数学教学才会生动有趣。

二、原则的实施策略

（一）情境—问题—模型—拓展

教学要结合实际情境，经历设计解决具体问题的方案并加以实施的过程，体验建立模型、解决问题的过程，并在此过程中，尝试发现和提出问题。这就从某种层面告诉我们"原型与模型相结合的原则"的实施策略：在数学教学中，先要从相关情境中提出问题，然后建立数学模型，通过模型来帮助解决实际问题，并在此基础上对模型做解释与拓展运用。

（二）原型—关系—模型—概念

数学不是研究现实世界的具体存在的事物本身，而是研究从现实的材料中抽象出的数量关系和空间形式。数学研究的是"抽象的东西"，这些"抽象的东西"来源于现实世界，来源于人们的感性经验，是人们通过抽象和概括得到的。通过抽象，"人们把外部世界与数学有关的东西抽象到数学内部，形成数学研究的对象"。

数学的理论抽象性在某种层面告诉我们"原型与模型相结合的原则"的一个实施策略：选取现实世界中数学本质相同的原型，放在一起归纳抽取出其中相同的数量关系和空间形式，再用数学语言构建成一个模型，再将本质相同的模型归纳、概括和抽象成一个数学概念。实施"原型—关系—模型—概念"策略，符合儿童认知特点，遵循了由具体到概括、由直观到抽象的认知顺序，易于儿童理解抽象的数学概念和原理。实施此策略的要领在于，选择典型原型，进行数学的抽象概括，进而建立相应的数学模型。

第五节 算法与算理相结合的原则

一、原则的基本含义

在数学中，提到计算，常常会涉及算法和算理。算法，即计算的操作方法，是一系列操作程序，解决"怎样计算"的问题。算理，即计算过程中的道理，是一系列逻辑推理模块，解决"为什么这样算"的问题。算理为计算提供了正确的思维方式，保证了计算的合理性与正确性。算法为计算提供了行之有效的操作方法，提高了计算的科学性和快捷性。算理往往是隐性的，而算法往往是显性的。

在小学数学中，算法和算理是相辅相成、不可分割的。探寻算理，有利于形成和优化算法。执行算法，有利于理解算理。因此，在小学数学的计算教学中，要将算理和算法有机融合，实现和谐统一。在探寻算理的过程中，形成算法、优化算法。在执行算法的过程中思考隐含的算理，在计算中推理，促进逻辑思维能力的发展。在算理与算法的融合中实现思维的突破，发现和形成新的算理与算法。只有这样，才能在数学计算中促进学生创新意识和能力的发展，促进学生个性化的发展。

数学中的算法性知识，如整数乘除法的竖式计算、用等式性质解方程等，是人们经过上千年的实践探索逐渐优化形成的。它们表现为有严格步骤的操作性程序，是一种程序性运算。学生如果不了解它的内在意义，学习之后很容易遗忘或者在执行程序时容易出错。鉴于此，要做好这部分内容的教学，教师首先要理解这些内容的发展历史和蕴含的思想方法，并在教学中以适当的方式再现这些数学内容的发生发展过程，学生才能形成有意义的理解。

二、原则的实施策略

算法与算理是计算的两个重要方面，两者彼此联系。因此，实施"算法与算理相结合的原则"，既可以从算法到算理，又可以从算理到算法。

（一）从算法到算理——计算是解决问题

一个陌生的计算，其实可以看作一个陌生的问题，分析和解决这个问题，得到正确的答案，这就是算法。然后再研究正确解答的计算过程，阐述其每一步的依据，即为什么可以这样计算，这就是算理。从算法到算理，比较适合学生的认知规律，也容易使其体会到计算的乐趣，有利于学生计算能力和解决问题的能力。

（二）从算理到算法——计算其实是推理

数学的特征之一是具有逻辑严谨性，学习数学也是学习逻辑推理。面对一个陌生的计算，可以根据已有的概念和判断，依据逻辑推理和已知的数学运算，寻求相应的结果。推理的过程就是算理，正确结果的执行程序就是算法。因此，从推理的角度，可以先发现算理，再产生算法。当然，这对学生的思维与能力的要求是比较高的。

第三章　小学数学教学方式

第一节　探究式教学

一、探究式教学的含义

（一）探究式教学

所谓探究式教学，就是以探究为主的教学。具体来说，它是指教学过程在教师的启发诱导下，以学生独立自主学习和合作讨论为前提，以现行教材为基本探究内容，以学生周围世界和生活实际为参照对象，为学生提供充分自由表达、质疑、讨论和探究问题的机会，让学生通过个人、小组、集体等多种解难释疑尝试活动，将自己所学知识应用于解决实际问题的一种教学方式。它重视开发学生的智力，发展学生的创造性思维，培养学生的自学能力，力图让学生通过自我探究、自我学习来掌握科学的方法。

教师作为探究式课堂教学的引导者，其任务主要集中在三个方面：一是调动学生的积极性，促使学生主动获取知识、发展能力。二是要为学生创设有利于探究学习的环境，教师不仅要创设民主和谐的课堂氛围，还应提供丰富的教学材料、各种教学仪器和设备等供学生使用。三是要提供必要的帮助和指导，在学生遇到困难时予以点拨和指导，使其明确探究的方向。

（二）小学数学探究式教学

小学数学探究式教学是指以探究为主的数学教学。具体来说，它是指在教师的启发诱导下，充分调动、发挥学生的主体性，让学生在观察、猜测、分析、操作、讨论、交流和归纳的过程中，理解数学问题的提出、数学概念的形成、数学结论的获得和数学知识的应用，从而培养学生的探究意识、创新精神和实践能力的一种教学方式。学生在教师指导下，以类似科学研究的方式经历数学知识"再创造"过程，这种方式不仅仅是简单地证明事实，而是通过探究使学生有所发现，形成探究的意识和习惯。因此，小学数学探究式教学具有以下特征。

1. 趣味性

小学生的生活阅历尚浅，知识经验贫乏，他们对身边的事物感到陌生和好奇，探究是他们的天性。但是儿童总是以自己的方式进行各种各样的探究活动，如看一看、摸一摸、量一量、猜一猜、试一试、想一想等，这种探究过程不严密、不科学，无论在程度上还是规模上都与科学家的探究活动存在着极大的差异。我们对儿童在数学课堂上进行的探究要求不能太高，要从儿童原有的知识经验和年龄特点出发。因此，教师在课堂教学中要依据小学生的年龄和心理特点，创设有意义、富有趣味、适宜的挑战性问题情境，尽量让数学问题生活化，联系学生生活和社会实际。

2. 操作性

小学生的思维以形象思维为主，对数学规律、数学性质的认识以及空间观念的形成等都是通过一系列操作活动来完成的。因此，数学教学中教师要利用多种手段为小学生创设动手操作的机会，让他们在"做中学"，在"玩中学"，在"游戏中学"。借助形象的操作，学生对数学规律进行抽象、概括，在操作中逐渐发展科学地看待问题、分析问题，进而解决问题的能力。

3. 阶段性

根据儿童认知发展论，阶段性是儿童心理发展最显著的特点。在整个小学阶段，学生会经历低年级、高年级两个不同的学习阶段，在不同学段，儿童的认知水平、思维能力、个性品质等都有很大的差异，不同学段的不同特点决定了学生的探究活动有很大的不同。如小学低年级的学生以直观形象思维为主，思维发展水平尚低，还不能完全理解事物间的因果关系，因此这一阶段的学生以直观观察、动手操作活动为主；而小学高年级的学生则具有了一定抽象逻辑思维能力，对于这一阶段的学生来说，运用简单的实验设计来探究问题成为可能。

4. 情感性

在小学开展探究教学，目标并不完全指向形成科学的探究方法与技能，更多的是为了丰富学生的情感体验，如激发学生学习数学的兴趣，养成数学的批判意识，形成乐于探究的科学素养等。教师在教学过程中，应该有意识地激发学生的动机和兴趣，加强与学生的情感交流，以表扬鼓励为主，激发学生的探究欲望。同时，教师应提倡学生与学生之间积极的情感沟通，互相尊重，协同合作，为学生构建一种愉快、融洽的探究氛围。

5. 过程性

在探究式教学中，教师不是直接告诉学生有关的知识和认知策略，而是通过设置探索性的问题情境，使学生能够独立自主地发现问题，通过观察、实验、操作、体验、调查、猜测、验证、推理、交流等数学活动，经历探究过程。学生通过这个过程，理解数学问题是如何提出的，数学概念是如何形成的以及数学结论是如何获得和应用的，真正理解和掌握基本的数学知识与技能、数学思想与方法，获得并积累广泛的数学活动经验，掌握解决问题的方法。

二、探究式教学的意义

（一）有利于发展学生的数学学习能力

探究式教学在数学中应用的一个基本特征是让学生通过观察、实验、猜想、论证等各种探究活动，自己得出数学结论，这个过程为学生提供了实践和锻炼的机会，使他们获得科学探究过程的直接经验，能从不同角度、不同层面深入理解数学知识，自主建立数学知识之间的联系，从而在面对实际问题时，更容易激活自己的数学知识，灵活地运用数学知识解决问题。此外，这种教学方式不仅让学生获得数学结论，而且能够了解数学概念、公式、法则的产生渊源和发展过程。在小学数学教学中，开展探究式教学可以让学生在具体问题的探究活动中掌握数学学习的方法，养成良好的学习习惯，增强学生的探究能力和学习能力。

（二）有利于培养学生的创新意识和创新能力

数学探究式教学鼓励学生在探究学习中敢于提出自己的问题，发表自己的见解，标新立异，不怕失败，也只有这样，才能充分张扬学生的个性，激发学生的创新激情，真正培养学生的多种能力，为培养学生的创新意识和创造能力营造良好的氛围。在自主探索过程中，教师可以引导学生从不同的角度、不同的方面对数学问题进行分析，获得多种解题方法和策略，这样，学生思维的灵活性与创造性在探索问题的过程中才能得到进一步锻炼。毫无疑问，探究式教学所强调的学生自主探索、问题解决、发现学习、科学精神等必将为创新教育开拓新的路径，使创新教育真正付诸实施。

（三）有利于小学教师的专业化发展

尽管新课程改革以来，教育管理部门不断为教师提供各种培训和学习机会，要求教师注重学习，但是由于教师工作繁忙，加之短期培训缺乏系统性，培训的效果常常不尽如人意。在小学教学中开展探究式教学对教师提出了更高的专业素质要求，因为教师不仅要面对学生提出的各种问题，而且要对学生在探究过程中产生的困惑做出正确的反应，引导学生正确地进行探究学习。这就要求教师要投入更多的时间和精力，进行教育教学研究，提高自己的综合素质，以适应数学探究式教学的要求。以教促研成了一种必然的趋势。教师主动参与教学研究，提高自身专业素质，有利于促进教师的专业化发展，从而实现教师角色从"教书匠"向"学者"的转变。

（四）有利于转变学生被动接受的学习方式

传统的数学学习，学生只是被动接受教师传授的知识，应试教育的"题海战术""机械训练"使学生成为考试的机器，这完全背离了素质教育的要求。探究式教学改变了师生的角色地位，教师从居高临下的"权威"角色变为师生平等共处的"同伴"角色，从知识的灌输者变成学生学习的引导者。同时学生也从单纯的学习"教科书"走向面向实际生活的学习，从整齐划一的学习走向个性化的学习，从被动接受者转为主动参与者，这从根本上改变了学生被动接受的学习方式。因此，探究式教学不仅适应了新的教育理念的要求，而且能有效地转变学生被动接受的学习方式，形成师生互动、共同发展的生态教学。

三、探究式教学的实施步骤

关于探究式教学的实施步骤，不同的学者有不同的观点，现在一般认为组织学生探究学习或开展探究教学的基本步骤如下。

（一）创设情境，提出问题

小学生年龄小、知识少、阅历浅，在他们的认知中，形象思维往往处于优势地位，但小学生也具有一定的生活经验，因此，教师在教学中可创设富有趣味性及生活化的问题情境，激发学生的好奇心和强烈的求知欲，以此调动学生的积极性。教师可采用设疑、猜谜、讲故事、竞赛、角色扮演等形式创设情境，让学生在兴趣盎然的活动中思考并发现问题、提出问题；也可从小学生的实际生活出发，创设生活情境，让学生在熟悉的画面中产生问题。如在讲"年、月、日"时，可为学生创设一个猜谜语的问题情境："一物生来真稀奇，身穿三百多件衣，每天给他脱一件，年底剩下一张皮。"学生会兴致勃勃地猜出谜底并满怀激情地投入新知识的学习中。

（二）围绕问题，提出和形成假设

教学中，教师要引导学生围绕所提出的问题进行观察思考，借助直观形象的数学模型，运用类比、归纳等数学方法鼓励学生大胆猜想，多方进行验证，形成假设，这不仅能培养学生的创造性思维，增强学生学习数学的主动性，而且有利于培养学生的创新能力。例如，教学"三角形内角和"这一课时，先让学生拿出熟悉的三角板，让学生说出每个角的度数，它们的和是多少度，由此让他们猜测其他三角形的内角和是多少度。随即同学们拿出手中的不同类型三角形，分工合作量一量，发现它们的内角和也是180°，由此猜想，三角形内角和是180°。

（三）自主探究，验证假设

学生基于猜想所形成的假设，往往感性成分较多、理性成分较少，认识不深刻，因此教师在鼓励学生猜想的同时，也应让学生明确假设要通过验证才能成立。这一阶段要求学生通过各种途径收集资料作为验证假设的证据，教师根据学生需要创设探究情境让学生进行探究，这种探究可以是个体独立探究，也可以是小组合作交流探究或者是二者交错进行。通过学生的探究过程，让学生自己去发现新知，验证自己的假设。

（四）概括结论，实践运用

这一阶段主要是教师根据学生探究形成的多种结果组织学生进行归纳总结，实现知识的内化、延展和升华。另外，学生在理解了新知识后还要将所学的知识运用于实际的问题解决中，使知识得到巩固和运用。为此，教师在设计练习时要有计划、有目的、有层次，由浅入深、由易入难，面向全体学生，及时反馈并强化学生的良好行为，不断提高学生运用知识的能力。

四、探究式教学实施中的常见"误区"

（一）探究式教学重"形式"轻"实质"

教师应当在深入研究教材的基础上，创设有意义的问题情境，激发学生的探究兴趣和探究欲望。然而在实际教学中，一方面，有的教师在进行探究式教学的过程中，一味地追求所谓的"探究"，片面理解问题情境，使情境的创设成为课堂教学的一种摆设，甚至与教学内容没有任何内在的实质性联系，看似很有创意，实则缺乏深入的思考；另一方面，探究教学所提倡的师生、生生之间的互动变成了问答，课堂上的问答活动表面上看似在探究，实质上是用提问的方式去"灌"，直到学生在教师的安排下一步步钻进教师事先安排好的套子里，学生基本不需要动脑，这种流于形式的探究实际是教师在代替学生思维，而学生的学习活动则是消极的，缺少主动性。

（二）课堂活动中重"动"轻"学"

与传统教学方式相比，探究式教学的一个重要特点就是使课堂"活"起来了。然而，在有些数学探究式教学课堂中，教师为了追求课堂上的数学活动，让学生在课堂上相当忙碌，教室里乱作一团，还美其名曰"动中学"，殊不知这种数学活动是外在多于内在，动手与动脑相脱节，目的性差，是典型的"为活动而活动"。这样的课堂虽有温度，却没有深度，虽然让人感受到活跃，却缺少思维的力度和触及心灵深处的精神愉悦，这样就失去了进行数学活动的意义，更不符合探究式教学的本意。另外，在学生的探究过程中缺少教师有效而必要的指导，学生在完全自由的情况下探究，这种探究往往偏离主题，达不到探究的预期效果，甚至还没有一般的教学方式的教学效果好。

（三）探究过程重学优生轻"学困生"

探究式教学重视学生的全员参与，关注学生的个体差异性，教师在教学中应尊重学生的个性差异，鼓励学生之间相互学习、取长补短，使自己得到全面发展。然而有些教师认为，只有好学生才有开展探究学习的能力，那些学习能力较差的学生由于态度不积极和知识匮乏，无法进行数学探究活动。

（四）"凡教学必探究"

长期以来，我国中小学课堂教学中占主导地位的都是接受式学习，教师负责传授知识，学生的任务就是学习知识，采用探究式教学使学生从被动接受知识向主动获取知识转化，从而培养了学生的科学探究能力和勇于创新的探索精神。

五、探究式教学的实施建议

（一）创设宽松融洽的氛围

首先，要使师生之间形成互相尊重、民主与平等的关系，允许学生发表不同意见，鼓励学生敢说敢想、主动学习、乐于探索。其次，教师要给学生更多的自由和自主权，提供足够的时间和机会，让学生在一定的指导下，独立地探究学习内容，力争主动提出问题、分析问题和解决问题；也可以让学生互相合作学习，大胆猜想，各抒己见。如教学"分米、厘米的认识"时，为了让学生对"分米""厘米"有更直观的认识，教师创造机会，给学生足够的时间和空间，让学生去测量周围物体的长度，如课桌、书本、墙上的瓷砖等，学生可小组合作，也可以到室外去，在这样轻松的气氛中，有利于学生掌握新知。

（二）激发好奇心，诱发求知欲

创造性想象的前提是好奇心，学生具有了强烈的好奇心，才能诱发求知欲望，才有大胆的"奇思妙想"。如在教学"能被 2、3、5 整除的数"时，课始，教师便说："同学们，今天大家来考考老师。""怎么考？""大家可以随便报一个整数，我不通过计算就能很快判断它是否能被 3 整除。"学生不太相信，纷纷举手报数，85，111，135，2016，5988，3100……不管学生报什么数，教师都能一口答出。此时，学生的好奇心被激发出来，产生了强烈的求知欲，喊道："老师快告诉我们，你有什么妙计？"教师便顺势引入新课。

（三）注重培养学生的发散思维

一切创造劳动都是从创造性思维开始的，而发散性思维又是创造性思维的核心。在教学中，要注重学生发散性思维的训练。首先，教师要善于设疑，引导学生大胆质疑，鼓励他们标新立异，哪怕他们的想法有时是荒唐、幼稚的，学生有疑问、有思考，才会有所创造。其次，要加强学生思维的多向训练性，培养学生多角度分析问题、解决问题，培养逆向思维的能力。在教学中，注重一题多变、一题多解的训练，练习设计要有梯度，除基本练习外，增加发展性练习、开放性习题等。

（四）培养学生的动手操作能力

探究式教学离不开学生的动手实践操作，学生手脑并用有利于主动参与知识的形成过程，从而更好地进行探究。但小学生的年龄小，观察思考能力、抽象思维能力和分析推理能力还存在着很大局限，因此在小学数学课堂教学中，教师应当着眼于培养学生的动手能力，引导学生真正实现"自主探索、自主学习"。例如，在六年级"图形的变换"一课的教学中，教师在学生完成观察思考后请一位同学来到讲台上，同学在教师的指导下按照要求演示如何画出对称图形，如何对该图形进行平移和旋转，然后要求其他学生在自己的草稿本上按照同样的方式画出自己的图形变换图，让学生思考从这一画图中得到了什么启发，并询问是否可以用其他方法来变换图形。通过这一方式，小学生的动手操作能力得到了较好的训练。此外，在学生动手操作的过程中，教师还要注意培养学生的创新意识。

第二节 讨论式教学

一、讨论式教学的含义

(一) 讨论式教学的内涵界定

讨论式教学是指为了实现一定的教学任务，经过预先的设计与组织，在教师的指导下，学生以小组或全班为单位，围绕中心问题，通过讨论或辩论活动，相互启发，取长补短，充分发表见解，激发思维碰撞，产生思想火花，达到获得知识或巩固知识的一种教学方式。它是在教师主导下的以生生、师生讨论为主要教学手段的一种教学活动，具有如下特征。

1. 学生的主体性

学生作为讨论式教学的主要参与者，要充分发挥其主体地位。数学学科与实际生活联系紧密，因此讨论的主题一般都来源于生活、寓于生活中。开展讨论式教学前，学生可以通过网络、书籍等方式收集相关的资料。课堂讨论时，教师虽然也参与教学过程中，但教师的角色不再是权威的知识灌输者，而是学生学习的指导者。同时，教师应营造和谐、平等的课堂氛围使学生有机会在课堂上发表自己的观点，反驳不同的看法，总结他人的经验，获得自己的认知等，充分发挥学生的主体地位。

2. 信息的多向交流性

讨论式教学的核心在于师生的共同参与，它要求充分发挥学生的主体作用和教师的主导作用，在讨论过程中形成师生之间、生生之间信息多向交流的反馈结构。在讨论式教学中，首先，学生的讨论要通过反馈使教师及时掌握学生的学习情况并做出指导，促进学生的进步，同时学生的讨论也能引发教师的思考，对于改进教师的教学有重要的作用。其次，讨论中也要有生生之间的交流与沟通。某个学生发表自己的见解，其余学生倾听他的想法并给予反馈，这个学生听到其余学生的讨论也认识到他们的看法，结合自己的观点形成对所讨论问题的新认识，达到生生之间互相启发、共同发展的目的。因此，讨论式课堂教学的信息交流呈现多层次、多渠道、多方位的特色。

3. 思维的灵活多样性

在数学学科中，一个问题的提出和解决往往会涉及其他问题。在解决问题过程中，很多关键信息并不是显而易见的，需要学生仔细寻找，反复推敲，逐个攻破，最终才能解决问题。在这个过程中，学生的思维发展往往很难笔直向前地达到最终目标，一般需要分几个阶段，有时甚至需要循环往复才能抓住问题解决的关键。另外，对于许多数学问题，其解决方法不止一种；同样的问题，从不同的角度出发，利用不同的方法和公式，也可以得到相同的结果。针对这一特点，需要学生具有良好的求异思维和发散性思维，即依据一定的知识，灵活而全面地寻求各种可能的解答。

（二）讨论式教学的形式

1. 小组讨论、全班讨论和混合形式结合讨论

小组讨论就是把全班学生分成若干小组进行讨论。小组可以是 2 人组、4 人组，也可以是学生自愿组成的 6 人组或更多人数的小组，学生由原来的大集体转入小集体。由于每组人数较少，讨论的时间相对宽裕，每位学生都能充分地表达自己的观点并能得到及时的反馈，有利于激发学生的参与意识。

全班讨论也就是集体讨论，是以全班为单位进行讨论，参与讨论的人数多，能集思广益，能更好地锻炼学生的思维能力和应变能力。但是这种讨论形式加大了教师引导讨论的难度，不易控制，而且在课堂短短的 40 分钟内不能保证每个人都有发言的机会。

混合形式结合讨论就是结合上面两种讨论形式，一般是先小组讨论后全班讨论。教师预先准备若干问题，让各组从中选择一题，各组分别进行讨论，问题可以相同也可不同，然后在全班汇报本组对这个问题的见解，从而达到互相交流、取长补短的目的。这种讨论一般可由各小组选派一个同学发言，同时小组其他成员可进行补充。

2. 全程讨论和穿插讨论

全程讨论就是在整个课堂教学中，将讨论式教学作为主导方式独立进行的一种教学形式，一般在高年级学生中使用。这一形式要求学生要有一定的知识基础和经验积累，且有灵活的思维和清晰的思路，而且讨论过程逻辑性较强、涉及面广、信息容量大、跳跃性强，事先需要教师和学生都要做好充分的准备，比较耗时。

穿插讨论就是在运用其他教学方式中穿插运用讨论式教学，讨论式教学在其中不占主导，只是起辅助性作用。由于是穿插运用，因此需要教师灵活自如地收放讨论节奏。这种讨论规模较小，时间不长，一般不需要学生进行专门的准备。

二、讨论式教学的意义

（一）有利于培养学生的质疑精神和创新意识

在讨论式教学中，学习不再是单纯的知识传递过程，而需要通过师生间、生生间相互讨论、共同协商达成共识。教师不再是课堂中的权威，而是要营造平等、自由、信任的学习氛围，对于学生的奇思妙想不妄加评论，而是让他们通过讨论，与其他同学一起分享，集思广益，丰富认识，形成新思路。同时，讨论式教学的课堂也是一个充满矛盾的课堂，每个学生的能力和思维存在着差异，都有自己独特的观点和不同的见解，因此在讨论中，学生既要批判、质疑他人的观点，也要包容、接纳他人的见解。而当自己的观点受到质疑时，要使自己从常规、呆板或带有偏见的思维方式中解脱出来，探求新的解决办法去补充、修正自己的观点。这一过程拓宽了学生的思维，使学生体会到思维的灵活多样性，学会从不同的角度、方面去思考问题，有助于培养学生的质疑精神和创新意识。

（二）有利于培养学生分析和解决问题的能力

数学学科鼓励学生能够提出质疑、大胆假设、小心求证，着重培养学生的分析、综合、批判、归纳等能力。讨论式教学法让学生参与教学实践，有利于培养学生的各种能力。首先，讨论式教学中讨论的问题一般都具有一定的难度，学生需要对这些问题进行反复咀嚼，层层分析才能透彻认识问题，并将书本知识和实际问题紧密结合才能找出这类问题的解决方案，这样，学生运用知识解决问题的能力便得到了提高。其次，学生在参与讨论的过程中，不仅加深了对知识本身的理解，深刻领会了知识的内涵，提高了比较、鉴别和分析的能力，而且师生、生生间讨论要求学生具有敏锐的观察力、敏捷的思维力和较好的综合分析能力，长期这样的训练能有效地提高学生理论联系实际的能力。

（三）有利于培养学生的合作精神和语言表达能力

通过小组合作讨论可以解决原本解决不了的问题，达到目标。有时为了整个集体的利益，讨论小组需要力求达成共识，但这并不是只要接受所有人的观点就可以，而是要每个人都积极发言、争论，通过成员的共同努力才能达到，这要求同学之间必须具有合作精神和团队意识。事实上，当小组内部的争议较激烈时必须通过共同协商来完成，需要部分学生放弃或修正自己的观点，这有助于组员间建立融洽、和谐的关系，培养学生的大局意识和合作精神。讨论式教学也为学生训练口头表达能力提供了舞台，小组讨论为每个学生提供了一个语言交流的平台，讨论中需要学生把自己的观点通过口头语言的形式清晰准确、言简意赅地表达出来，学生在阐明自己观点、驳斥对方观点的一系列活动中，其语言表达能力也得到了锻炼和提高。

（四）有利于促进教师的专业化发展

一方面，讨论式教学关注学生主体意识的发挥，要求调动学生学习的积极性和创造性，而教师是学生学习的组织者、引导者、促进者和合作者，在学生的讨论学习中起辅导、帮助和引导作用。教师的角色不再是传统的课堂支配者和控制者，应向新课堂所倡导的方向转变。另一方面，讨论式教学的顺利开展需要教师的精心设计。如教师要根据教材结合学生的特点精心设计讨论的问题，并初步设计出如何进行讨论，如何激发学生的学习动机，对讨论的形式、讨论的展开、讨论的深入、讨论的归纳等都要做到心中有数。这对教师提出了很高的要求，需要教师不断提高自己的素质。

三、讨论式教学的实施步骤

（一）引入讨论

引入讨论，就是把要学习的新知识设置到具体的、有意义的问题情境之中，通过情境的创设，激发学生的好奇心，启发学生组织有效的讨论。教师在引入部分要注意做好学生学习新知必备的知识基础和思维方法的铺垫，根据新知识的生长点找准学生的"最近发展区"，同时注意给学生提供充分的感知素材，以引起学生的认知冲突，设置讨论情境。

（二）讨论交流

讨论阶段是讨论式教学的中心环节，要求师生全身心地投入，教师要引导学生合作讨论，分析问题，在讨论中使问题一步步最终得以解决。在这一过程中，教师首先要向学生传达讨论的纪律，用以规范和引导学生的言行。其次，教师要注意归纳指导，引导、启发学生思考问题，使学生从多个角度进行深入思考与探索，形成多元回答，生成丰富而有个性的策略，碰撞出新的思想火花。最后，教师要调控好整个讨论进程，以确保讨论能够顺利进行。如果发现有的学生跑题或偏题，教师要及时提醒或是以适当的问题把话题拉回来。这一阶段一般是先进行小组讨论，之后再进行全班交流，每个小组都可以发表自己的观点，可以选派一名代表发言，也可以多人合作展示成果，其他组的同学不仅可以从中取得借鉴，而且也可以反驳、质疑和提出问题，在充分讨论的基础上进而解决问题，掌握新知识。

（三）巩固总结

讨论中由于学生的发言零散，结论可能不明确，因而教师要及时总结讨论的结论，对所学内容进行归纳整理。经过讨论解决问题之后，教师还要引导学生举一反三，进行知识的整合与迁移，巩固新知识。教师可以通过设计一些数学习题，帮助学生进一步巩固、深化所学知识。

（四）反馈评价

教师要在充分肯定讨论成果的基础上对讨论中的不足做出评价，表扬讨论中有见地的同学，对于讨论中出现的错误观点，教师要分析其根源，澄清模糊认识等，还可以通过学生自我评价及小组成员互相评价来对讨论过程进行总结。另外，适时反馈也很重要，包括学生对自己的表现、对讨论主题及对教师组织讨论的满意程度的反馈。

四、讨论式教学的实施建议

（一）合理组建讨论小组，正确处理学优生与"学困生"的关系

小组讨论要力求使每个学生都能参与学习过程，要处理好学优生与"学困生"的关系，不能让学优生完全主宰小组讨论。为此，教师在讨论前要合理组建讨论小组，根据学生的知识水平、学习能力、表达能力、性格等不同因素，合理地将学优生与"学困生"均衡搭配编组，以实现互补，互相学习，提高全班整体素质。另外，教师还要做好"学困生"的思想工作，鼓励他们大胆发言，敢于说出自己的意见，在小组代表发言时，可特意安排他们优先发言。在讨论中，教师要重点指导"学困生"，了解他们的学习思维状况，给予其更多的指导。

（二）灵活运用多种讨论方式，教给学生讨论方法

目前，讨论式教学中比较常用的是同桌讨论、小组讨论和全班讨论的方式。一般来说，同桌讨论适合于较简单的问题，学生之间稍作启发就可以解决。小组讨论比较灵活，组内的每个学生都有参与学习、表达自己观点的机会，这种方式也是目前课堂讨论中最常用的一种方式。全班讨论规模较大，常用于解决重难点问题或存在争议性以及一些没有固定答案的问题，全班学生可各抒己见，言之成理即可。当然，讨论方式不是一成不变的，教师要根据讨论问题、内容及学生的实际而灵活选择。同时，教师要教给学生不同的讨论

方法，让学生学会讨论。例如，如何清晰、明确地表达自己的意见，如何质疑、辩论不同的意见，小组负责人如何组织组员围绕问题进行讨论，如何集中意见在班上汇报等，都要教师组织训练、学生掌握要领后才能较好地进行讨论。

（三）精心设计讨论问题，及时把握讨论时机

讨论问题的设计直接关系到课堂讨论的质量。首先，教师在设计讨论问题时要注意讨论的内容要紧扣教学的重难点，要针对学生在学习中产生的疑点及易错易混淆的内容。其次，并不是所有的问题都适合讨论，教师设计的讨论问题要能够启发学生的思考，具有思维价值。再次，讨论的问题要符合学生的"最近发展区"，既要在学生的知识水平范围之内，又要有一定的难度。最后，教师要把握讨论的时机，具体来说，当学生的思考出现困难，无法独立完成学习，或学生意见发生分歧，又或学生在学习之后产生疑问并主动提出有探讨价值的问题，再或是解决问题的方法不止一种时，教师最好能及时安排学生进行讨论。

（四）重视讨论的组织和指导，合理调控讨论过程

为了确保讨论活动的有效开展，教师必须对讨论过程进行必要的提示、点拨、指导和调控。尤其是每个小组由于成员不同，各有特点，有时讨论中还会出现一些"意外"，因此教师应成为课堂进程的调控者，掌握一定的技能技巧，采用适当的策略，调控好讨论的进程，使讨论有效地进行。当讨论小组面临问题时，教师要能够辨别、分析，并帮助学生；当学生在讨论中受到其他因素的干扰时，教师要通过加强要求、分级检查等形式，保证讨论活动的效率。另外，在讨论前，可先列一个提纲让学生按一定程序进行讨论，使讨论进程有序而快速地进行。在学生讨论时，教师要加强巡回指导，及时掌握学生讨论的信息，适时予以引导，使学生的思维向着有利于解决问题的方向发展。

第三节　活动式教学

一、活动式教学的含义和意义

（一）活动式教学的内涵界定

所谓活动式教学主要指在教学过程中以构建具有教育性、创造性、实践性和操作性的

学生主体活动为主要形式，以鼓励学生主动参与、主动探索、主动思考、主动实践为基本特征，以实现学生多方面能力综合发展为核心，以促进学生整体素质全面提高为目的的一种新型的教学方式。它既是坚持"以活动促发展"为基本教学指导思想的教学，也是倡导以主动学习为基本学习方式的教学。

数学活动式教学是指在数学课堂教学中，教师针对教学内容的特征和学生认知水平，精心设计完整的教学活动，引导学生通过动手实践、交流研讨等活动主动探索、主动构建以获取知识，发展能力，提升数学素养。这些活动既可以是课堂教学中的一个环节，也可以是一节课的活动或者是一个单元结束后的拓展和实践活动；既可以是课内活动，也可以是课外活动。

（二）活动式教学的特征

1. 情境性

任何活动的开展都需要在一定的情境中进行，学生通过特定的情境去感受、验证、理解并应用知识，这个过程需要学生多种感官的协同作用来共同参与学习活动之中，良好的情境能够积极推动学生的学习活动，使学生达到最佳的学习状态。如在教"6以内加法"时，由于学生之前已较好地掌握了5以内的加法，教学时就将重点放在含义的教学上，在师生共同完成例题后，开个"加法故事会"，调动学生将生活中遇到的有关加法的故事说一说，将所学知识融入开故事会的生活情境中。由于一个个"加法的故事"中融入了学生生活中经历过的情境，加法的动态画面在学生的脑海中生成，学生对"加"的含义理解就更透彻了。

2. 操作性

"活动"是活动式教学的核心，教师在教学中根据教学目标精心设计的活动需要通过学生的动手操作才能完成学习任务，所以活动式教学强调让学生在实践活动中获得直接经验，从而开阔视野、增长知识、训练技能和发展各种能力，这使得活动式教学具有很强的实践性。教师在设计活动时要从学生的生活入手，设计如游戏、手工制作、绘画等活动，并留给学生充足的时间和空间操作活动道具或学具，引导学生亲自参与，自己动手解决问题，体会知识产生的过程，掌握和运用知识。如教学"1亿有多大"一课时，教师可以通过让学生自己动手量一量100张纸的厚度，再去推算出1亿张纸大约的厚度；或者先称出100粒米的质量，再算出1亿粒米大约的质量；等等。

3. 开放性

活动式教学无论是从活动时间和空间方面还是从学生的思想和行为方面都体现出开放

性。在活动时空上，学生的学习时间不再以课堂教学的 40 分钟为限，学生可以不受书本束缚，走出课堂和学校，因为家庭、社区、大自然都是学习空间。学生可以采用多元的学习方式和途径，增加直接体验。同时，更为重要的是活动式教学需要教师创设一种为学生所接纳的、无威胁的、宽松合作的、开放的师生氛围，这样学生才能自由地活动。另外，活动式教学也是对学生感官的全方位开放，解放学生的脑，让其自由思考；解放学生的口，让其自由表达；解放学生的手，让其自由操作。

4. 发展性

促进学生的发展是活动式教学的出发点和归宿。"以活动促发展"是活动式教学精髓的高度概括，是活动式教学的理论基础和实践切入点。活动式教学重视活动的独特价值，强调活动在人的发展中的作用，主张活动是实现发展的必由之路。对学生的发展而言，学生主体活动是学生认知、情感和行为发展的基础，无论是学生思维、智慧的发展，还是情感、态度与价值观的形成，都是通过主体与客体相互作用实现的，而主客体相互作用的中介正是学生参与的各种活动。可见，活动为学生发展提供了最佳途径和手段，发展只有在一系列的活动中才有望实现。

二、活动式教学的意义

（一）有利于学生更好地掌握知识

学生在学习中将知识学习与主体活动相结合，通过多次反复的自主操作、活动体验和思维探究才能真正掌握知识。活动式教学为学生提供了与客观事物近距离接触的机会，在活动中，学生通过多次、反复的实践活动可以缩短同具体事物的距离，身临其境，多角度地全面了解知识形成的过程，有利于探索事物的发展规律，使学生的学习更具科学性。因此，通过丰富多彩的实践活动，加强了学生生活与社会实际之间的联系，学生在发现、探索中积累了更多的个人知识和直接经验，随着直接经验的丰富和广泛，学生对知识的认识将更全面、更完善、更深化。如在讲授"百分数的认识"一课时，教师课前可以布置学生到各大商场进行调查，收集和百分率有关的商品信息，为学生在课堂上进一步学习提供丰富的资料。学生通过独立阅读教材、小组讨论等学习探索过程，学会了商务活动中的一些新名词（如打折、折扣率等），同时也领会了其中的数学含义。

（二）有利于学生能力的形成与提高

活动式教学强调课程内容与学生实际生活和现实社会的联系，让学生积极地投入生活实践中去，在实践中锻炼能有效地提高学生调查、分析和解决问题的能力，而且有助于学生关注社会，培养其社会参与能力。另外，活动式教学要求教师创设问题情境，引导学生观察、分析、质疑、归纳和总结，这有助于培养学生的观察能力、思维能力及探索精神。同时，在活动中，学生独立面对新环境和解决新问题时需要自主地思考和采取行动，学会与同伴合作相处。因此，活动式教学对于学生动手操作能力、独立思考和解决问题能力以及合作交往能力的养成和提高具有重要的意义。

（三）有利于构建新型师生关系

活动式教学改变了传统教学中学生处于被动接受、绝对服从教师的师生关系。因为在活动式教学中，教师必须创设一种轻松愉快的气氛，以减轻学生的心理负担，让学生在宽松、民主、友善的氛围中进行自主的活动。教师只在活动中起引导的辅助作用，不再是课堂的主宰者，活动越充分，学生的自主性就越强。这样，伴随着教学的活动化，民主、平等、和谐的新型师生关系就建构起来了。这种新型的师生关系在质疑活动、讨论活动中更能体现出来，如教师会鼓励学生大胆发言，创新求异，重视学生的不同见解，平等对待每一个学生。这种良好的师生关系，既能达到师生互动、教学相长的教学效果，又能在生动、活泼、平等、民主的学习中使学生的潜能和个性得到发展。

三、活动式教学的操作程序

（一）预设活动计划

在活动开始之前，教师要对开展的活动进行导向性设计，即教师要对学生活动的目的、思路和方式等进行一个总体的规划，并提出相应的策略和建议，有时甚至还需对活动过程中可能出现的情况或事件做出预想，并提出解决的方案，但这种提前的设想只具有指导性和参考性，在活动时可作参考和借鉴。因为在活动中，解决问题的条件、方法都不是现成的，需要学生综合运用自己所学，主动地创设、生成，且解决方法往往也不是既定的、唯一的，而是多元的、多通道的，需要去分析、发现。因此，这种初步的设计要因时、人、环境和问题的变化而进行相应的调整和变通。

（二）创设活动情境

良好的活动情境能激发学生的学习兴趣，促使学生主动参与，强化学生的感受。教师根据小学数学学科与具体教学内容的特点，尽量利用各种手段创设一个真实的活动情境，让学生在活动中通过观察、提问、设想、动手实验、交流等手段亲历知识的形成过程来激发学生的学习兴趣。这些活动情境既可以是真实的课外环境，也可以是实验室里的实践操作活动、教室里学生的角色扮演活动、小组合作表演活动等。

（三）活动教学的实施

这是活动式教学的实质性阶段，是在教师的指导下学生从活动中发现数学问题，自主思考、自主操作、自主获得知识的过程。小学数学的教学内容具有一定的逻辑性和抽象性，而小学生知识、经验水平有限，其思维能力往往停留在具体形象的水平上。因此，教师应为学生提供机会让学生动手操作，多安排学生参加动手画画、剪剪、拼拼、量量、摸摸、数数等活动，让学生通过操作获取知识，发展空间观念，建立数形之间的关系。如在教学"7 的分与合"时，教师提问："把 7 根小棒分成两堆，一共有几种分法？"学生通过摆一摆、分一分等操作活动，能很快得到 6 种不同的分法，再经过师生共同的分析、综合，概括出 6 的分解与合成，以此类推，总结出数的分解与合成的方法。

（四）活动结果的总结与评价

在活动结束后，教师要对整个学习过程、结果进行总结和评价。在这一阶段，教师要根据学习目标，运用多种评价方式，对学生活动学习的过程、结论进行评价，包括学生活动时是否认真投入，师生是否配合得当，学生是否提出问题或找出解决方法等。这样有利于学生全面认识活动，认清活动中的自己与他人，可以使下一次的活动教学更有效，同时可以使学生在总结提高中逐步学会学习。

四、活动式教学在实施中的常见"误区"

（一）活动的浅表化

在新课程改革轰轰烈烈进行的背景下，很多教师热衷于推崇新课程改革的理念，但往往只重形式，而不得精髓，再加之听课、评课的教师重点关注教学中是否开展了活动，对学生的"动"不加分辨与思考的褒扬，一定程度上造成了课堂教学就要追求"动"的假象。

（二）活动的狭隘化

很多教师将活动式教学的内涵狭隘化，在课堂教学中局限于某一种教学方式。如有的教师认为活动就是学生的自主讨论，在课堂教学中或让学生小组交流，或组织班级活动，一味地进行讨论，甚至将其固化为定法——讨论教学法；有的教师认为活动就是教师问学生答，问得多就有活动气氛，导致课堂教学中为活动而问答、无疑而问、问答泛滥；也有教师认为活动就是学生质疑，质疑就是主动学习，并将其强化为定法——问题教学法；甚至还有教师认为教师应退出讲台，教师在课堂中的讲授占用了学生活动的时间，于是不敢讲，尽量少讲，无视学生的需求和教学内容的独特要求，使一些需要教师讲解的内容在喧闹嘈杂中被遮蔽，流失了应有的教学价值。

（三）活动的非体验化

活动式教学强调教师要为学生创造一个活动情境，学生从已有生活经验出发自主经历活动过程，在活动中主动建构知识，同时体验和感受知识形成的过程，获得自身体验。目前的活动式教学在具体的实践中只追求活动形式，不关注实质，忽视学生在活动中的体验与内心知识的主动建构。

五、活动式教学的实施建议

（一）明确活动目标，制订活动计划

活动式教学没有固定的教学模式，但为确保活动顺利开展并达到预期的效果，在活动开始之前，教师要对如何开展活动教学做一个总体的规划。首先，教师应根据小学数学课标的要求明确本次活动的目标，这是活动式教学顺利开展的前提，也是评价活动成效的依据。其次，教师还应对活动内容和形式做出基本的安排，不是所有的教学内容都适合活动式教学，也并不是所有的活动方式都能激发学生的学习热情。因此，教师应在全面了解学生和分析教材内容的基础上，恰当地选择符合学生的年龄、心理特征、知识能力水平及已有经验的教学内容和能够激发学生参与活动兴趣的教学方式。最后，教师在设计活动时还应注重整合各种课程资源。小学数学的应用性较强，教师可以将活动延伸到课外甚至校外，打破课堂教学与学生课外活动的壁垒，把课内外及校内外各种可利用的教育资源整合起来去设计、组织学生活动，这样不仅可以增加学生的见识，也可以培养学生的实践能力和创新精神。

（二）创造良好的活动氛围

良好的活动氛围能激发学生的学习兴趣，促使学生主动参与教学活动，强化学生在活

动中的体验和感受。在教学中，教师首先要创建新型的师生关系，即师生之间是民主、亲密、平等、和谐的关系，师生双方以对话、平等、包容的关系相处，积极主动配合，既可以发挥教师的主导作用，又可以发挥学生的主体作用，这是实现学生主动参与活动教学的前提。另外，教师要创设一种和谐宽松、富有活力的教学氛围，使学生感到没有外界压力，从而获得一种心理上的安全感。教师也可以设置与学生现实生活相类似的情境，以解决学生在现实生活中遇到的问题为目标，来激发学生参与活动的兴趣。

（三）给予学生充足的活动时间和空间

教师要给予学生充分的活动时间和自由的活动空间，才能更好地实现学生的自主活动，达到活动式教学的目标。因此，教师在开展课堂活动中，应尽量减少对学生活动的限制和规定，使学生可以根据自己的意愿参与各种教学活动。教师要保证学生有足够的活动时间，根据教学内容尽量少讲、精讲，留给学生充裕的时间去自主活动，要适当对学生放手，增加学生的自主学习时间，让每一个学生都有自主学习的机会。同时，教师还要为学生提供自由进行活动的空间，学生可以根据自己获取的资料，进行充分的想象，尽情地表现自我，让学生能充分自由地发挥。

（四）发挥教师的指导作用

活动式教学虽然强调学生的自主活动，但教师作为整个活动的设计者、参与者、组织者、调控者及引导者，具有不可或缺的重要作用，尤其是对于各方面还不成熟的小学生，教师更应该及时给予指导。一方面，学生的主体活动要以教师的指导为前提，教师要对学生的自主活动提出明确具体的要求和任务，向学生解释、说明和示范如何活动，指导学法，如何进行小组讨论及自主探究等技巧，帮助学生解决在探究过程中遇到的困惑和问题，并对学生的学习活动进行宏观调控，确保活动的教学质量。因此，教师适时适度地引导是非常必要的。另一方面，尽管教师应留给学生充足的时间和空间自主活动，但一味地"放"难免会导致学生漫无边际地胡思乱想。因此，需要教师及时引导做课堂小结，把感性认识上升到理性认识。

第四节　项目式教学

项目式教学培养学生的自主学习兴趣和合作意识，促进学生核心能力的发展，倡导终身学习的习惯。小学数学教育应遵循项目式教学的发展与实施路径。在项目式教学中，教师决定一个项目主题（即教学内容），并提供相关材料，鼓励学生根据自己的知识和理解水平去发现问题，探索解决问题，并在这个过程中学习知识，培养能力。项目式教学的具体过程，首先是教师提出驱动性问题即项目主题，并创建项目学习资源，然后学生参与和投入主观探究项目学习，最后在项目评估和改进中实现学习新知识的教学目标。

项目式教学是新课程倡导的一种课堂管理模式。学生参与到学习中，在教师指导下，自主完成知识内化、形成自我评价。这种方法有效提高了师生之间关系和谐友好性和整体发展水平。它能激发学生主动思考问题并进行独立思维判断能力培养。同时，也使教师繁重的教学工作压力减轻不少且更容易实施一些具有针对性的教学策略，来解决新课程理念提出的难题等。所以，对项目式教学在小学数学教学中应用进行研究有一定的重要性。

一、运用项目式教学的重要性

项目式教学模式使学生在课堂上能够有效地集中注意力，使学生对教师讲授的课堂内容做出更积极的反应，充分利用教师讲授和演示的时间，让学生和教师相互结合理论进行互动。让学生有更多的时间进行自学和自主学习。通过培养学生的个人实践技能，学生可以充分了解项目式学习注意事项和自主学习成果，让课堂更有效率。同时，这些基于项目的学习方式可以拉近师生之间的距离，让学生在更深入地向老师询问作业过程中发现问题并解决问题。此外，这种模式让教师的教育体验不仅可以关注整个课程，还可以观察学生对每项任务的反应，进一步增强互动效果，增加教师在学生日常课程中的主导感。对某些问题的研究有助于教师全面了解学生的进步以及他们在课堂上的知识掌握进度。

二、小学数学项目式教学模式的运用策略

（一）确定项目主题

确定项目的主题，也就是确定教学内容，主要考虑三个因素来确定学习的"核心内容"。首先是真实性。研究项目必须是一个实际的问题，是教学中的内容。其次是趣味性。项目的内容应该能够调动学生的学习数学的兴趣。最后是目标性。必须规定项目实施的目标，以促进学生掌握数学的核心概念、核心知识和核心技能。

（二）设置教学情境，进行项目式教学

课堂的情境引入在一定程度上会激发起学生的课堂学习热情，紧跟着教师的引导一步

步接触小学数学知识。情境设置的方法，有利于教师把课堂目标转化为学生积极动脑的参与活动，培养学生的数学学习能力，在整个过程中，促进学生数学思维能力的提升，培养学生的数学核心素养，更有利于核心素养下小学数学项目式活动的探究。

（三）联系生活案例，丰富项目来源

学习项目的开展需要项目背景、数学知识、案例素材等的支持，这正是项目式教学在资源整合方面的表现。目前，教师选择教学素材的主要途径是课本。在信息技术的支撑下，教师可以从网络资源库中收集项目所需的知识素材，将与课时内容相关的数学课外知识引入课内，拓宽学生的知识体系。在网络资源中，生活案例是学生最熟悉的内容，能调动学生的探究热情，同时数学与生活已经建立起了密切的联系。所以，教师有必要在学习项目中加入生活案例，增强项目的综合性。

总的来说，在小学数学教学中，项目式教学是一种有效的途径。学生通过对教师实施项目的实际操作，体验到了这种活动带来的愉悦感和成就感。项目式教学的运用，能有效提高学生学习兴趣，培养良好思维品质。在小学阶段开展该项工作是一项非常必要和重要的步骤，所以教师要积极探索有效的运用方法。

第五节　数学史融入数学教学

数学史是数学文化的重要组成部分，是数学教学中进行立德树人教育、提高学生思想品质的有效载体。将数学史与小学数学课堂教学有机融合，能够激发学生的学习兴趣，培养学生的情感、态度与价值观，能极大地推动学生的数学思维与综合学习能力的提升。本文把数学史和课堂教学巧妙融合来开展教学实践，并探讨数学史融入小学数学课堂教学的意义与路径。

数学史是数学产生和发展的历史，是人类社会发展进程中积累的重要概念、思想和方法的历史，是数学文化的重要组成部分。新课程改革要求教师在教学中结合具体教学内容适当地介绍一些中外著名数学家的故事、有趣的数学现象与数学史实，使学生认识到数学知识的发生、发展与形成源于人类生活的需要，体会到数学在人类历史发展进程中的作用。

一、问题的提出

自新课程改革以来，从人教版实验教材的几次整合、修订中可以看到，实验教材注重

数学历史文化在课堂教学中的开发与渗透，以"你知道吗?"的形式呈现于课本中，意在让一线教师了解数学历史文化在数学教学中的育人价值，并在课堂教学中有效落实课程标准要求。就目前小学数学课堂教学现状来看，数学史仅作为教学的补充、辅助资料，小学一线教师重视程度不高，容易忽视此内容的教学。究其原因，一方面，教师没有全方位了解数学史融入小学数学课堂教学的价值；另一方面，教师缺少把数学史融入课堂教学、提高课堂教学效率的经验与方法。

二、数学史融入小学数学教学的意义

（一）以故事的形式呈现，激发学生的学习积极性

从教育学和心理学角度来看，学习兴趣是助推学习者学习知识的内在力量。学生对所学知识感兴趣，就会专心致志地投入精力钻研，从而提高学习效率。小学数学教材中，数学史以学生感兴趣的数学小故事的形式呈现，如"古代计时工具的介绍""哥伦布竖鸡蛋""河内塔问题""哥德巴赫猜想"等，这些小故事符合小学生的年龄特点，满足了小学生的心理需求，学生在阅读的过程中丰富了数学知识，开阔了眼界，极大地激发了学生的学习兴趣，调动了学生探究数学知识的积极性。

（二）建立正确概念，完善知识体系

数学概念是发展学生数学思维、培养学生数学能力的基础。教学中让学生建立完整、清晰、准确的概念，可以帮助学生更好地理解、掌握知识，提高技能。数学史与数学教学活动的有效融合，追根溯源，从本源上建立了学生对概念的认知结构，进一步加深了学生对概念内涵和外延的认识，不仅完善了学生的知识体系，还培养了学生用发展的眼光看待问题的良好学习品质。

（三）实现学科融合，提升综合能力

数学是一门基础学科，与其他学科的融合比较广泛，将数学历史文化与其他学科有效衔接，可以降低学生对抽象数学知识的理解难度，帮助学生建立起学科之间的联系，用数学思维思考其他学科知识，提升学生的综合能力。如，在"年、月、日"这节课的教学中，教师融入课堂教学的数学史中涵盖了天文学、统计学、历史学等学科知识。这些不同学科的知识在本节课中的融合应用打破了传统思维的壁垒，体现了学科间的相互联系，促进了学科间的相互渗透和交叉，拓宽了学生的知识面，全面提升了学生的综合学习能力。

（四）助力文化传承，培养爱国情感

我国数学历史文化博大精深、源远流长，古人对数学领域的研究取得了辉煌的成就。如，我国古代劳动人民创造的"十进制计数法"，比古埃及、古希腊和古印度当时所用的计算方法要优越得多，在当时实现了计算结果的统一，避免了因计数标准不一样导致计数结果不一样的麻烦，等等。数学史与课堂教学的有效融合，不仅能激发学生的民族自豪感，培养学生的爱国情感，还能发挥数学史的育人价值，激励学生在继承前人研究的基础上推动数学不断向前发展。

三、数学史融入小学数学教学的实践路径

（一）研读教材，扩充资料，增加知识储备

数学史是人类历史发展过程中各个阶段数学家的智慧结晶，其中包含丰富的数学理论、思想、方法等诸多理论知识，丰富的数学故事，以及数学家们勇于创新、追求真理和献身科学的拼搏精神。教师要把数学史真正融入数学教学，仅凭教材上的知识和生活经验无法满足教学需求。所以，教师要精心研读教材，阅读相关书籍，查阅资料，增加知识储备，建立完整的数学知识体系，构建完善的数学发展框架。一方面，教师要分析教材，明白教材的教授内容、编写意图，了解清楚学生对本节课的知识储备，学生是否知道与所学知识相关的历史故事；另一方面，教师借助书籍、网络查阅相关的知识，挖掘教材中蕴含的数学史实，养成阅读数学历史文化书籍的习惯，增加知识储备。这样才能在授课中做到触类旁通，不至于陷入学生课堂上产生质疑教师知识储备贫乏的尴尬境地。

（二）精心设计教学，做到巧妙融合

课堂教学中融入数学史是优化课堂教学、提高课堂效率的一种手段，教师在设计教学时要根据教材内容和学生学情精心设计教学，将数学史巧妙融入课堂教学中。对于教师而言，教学中融入数学史只是辅助教学，教师应处理好教材内容和数学史之间的主次关系，切勿喧宾夺主而将数学史作为主要内容，淡化了知识的讲授与理解；就学生而言，课堂中融入数学史降低了学习知识的难度，使学生了解知识的来龙去脉，建立准确、完善的知识体系。所以，教学中教师还要处理好目标预设和达成之间的关系，避免出现学生在课堂上兴致勃勃、课后瞬间遗忘的现象。

（三）准确把握原则，提高融入效果

1. 真实性原则

关于数学史的书籍、报刊和网络资料数不胜数，教师引用数学历史文化时必须保证其真实性，切不可为了吸引学生的学习兴趣而任意杜撰或者引用一些经不起考究的虚假资料，这不仅对教师的教学没有帮助，对学生的认知也是一种错误导向。

2. 针对性原则

小学阶段的学生年龄在 6～12 岁，多以形象思维为主。数学又是一门抽象的、逻辑水平极强的学科。教师在教学中要针对不同年级学生的年龄特点合理选取符合学生年龄特点和思维水平的直观、易懂的内容。低年级教学中多以趣味性强的故事为主，高年级则以演绎推理为主。例如，在解决"鸡兔同笼"问题的过程中，教材主要用列表法和假设法理解"鸡兔同笼"类型的解题策略。列表法比较简单，学生容易理解和操作，但这种方法有其弊端，当数据比较小时用列表法能很快找出答案，而当所给数据比较大时则费时、费力，不容易找出结果；假设法要求学生有很强的抽象概括能力和逻辑推理能力，对学习水平中上的学生来说容易理解，但学习能力比较弱的学生理解起来比较困难。

3. 时效性原则

为了在教学中有效地融入数学史，教师应关注学生对知识的掌握、理解程度，课后更要关注其对学生思维能力的长期影响和作用，将数学史在教育教学中的育人价值最大化、持久化。

总之，数学史是人类对客观世界定性把握和定量刻画的历史文化结晶，具有非常高的社会价值和研究价值。厘清数学发展过程中的基本事实，能帮助学生用数学的眼光看待、分析周围的世界，帮助学生建立正确的数学观。但受年龄特点和思维水平的限制，小学阶段的学生缺乏对数学史学习研究的主动性。这就要求教师在课堂教学中根据教学内容精心设计教学过程，将数学史和课堂教学巧妙融合，沟通书本知识和数学史之间的联系，为学生搭建学习研究的平台，充分发挥数学史在小学数学教学中的文化价值和育人价值。

第六节　跨学科主题学习

《义务教育数学课程标准（2022 年版）》中明确提出：综合与实践领域的教学活动，

重在解决实际问题，以跨学科主题学习为主，主要包括主题活动和项目学习等。

一、何为跨学科主题学习

跨学科主题学习是相对于传统分科学习而言的，分科学习用一种学科知识来解决问题，而跨学科主题学习运用两种或两种以上学科的知识和方法来解决问题。在跨学科学习过程中，所有的学科不是并列的，而是所有学科都要为中心学科服务。如数学跨学科主题学习，就要以数学学科为中心，整合的所有学科都是为更好地达成数学学科的教学目标服务的，从而在跨学科学习的过程中更好地提升学生的核心素养。

二、如何开展跨学科主题学习

（一）确定活动主题

《义务教育数学课程标准（2022 年版）》分别列举了 13 个主题活动和 2 个项目活动，但其中提供的主题学习或项目学习的数量远远达不到数学总课时 10% 的要求，因此，在教学实践过程中，教师要根据学生的学段特点、数学知识内涵、学校的发展特色以及地域特点等，融合真实问题，设计富有趣味的、具有操作性的主题活动，引导学生感受数学与其他学科的联系，提高学生的创新意识和应用意识。

（二）制定活动目标

《义务教育数学课程标准（2022 年版）》指出，主题活动的教学目标，不仅要包含数学知识的要求，还要关注学生活动经验的获得和情感态度的发展。以第一学段的"欢乐购物街"为例，可制定以下教学目标。

①在真实或模拟购物活动中，认识人民币，知道元、角、分之间的关系，并能进行简单的单位换算。

②会在真实或模拟的情境中合理使用人民币，并能积极投入购物活动，能清晰表达和交流信息。

③能反思并述说购物的过程，积累使用货币的经验，形成对货币多少的量感和初步的金融素养。

对于项目学习的教学目标，《义务教育数学课程标准（2022 年版）》还指出，要关注学生经历数学应用的一般性过程，体会数学的价值和思想方法，提高创新意识和应用意识。例如，第三学段项目学习"营养午餐"的教学目标可制定如下。

①在现实生活情境中，知道如何利用百分数等数学知识和科学营养等知识解决问题，积累用统计方法解决现实生活中不确定问题的经验。

②引导学生结合生活经验提出问题，通过经历调查研究、解决实际问题的过程，感悟设计调查方案的重要性。

③在解决问题的过程中，培养学生对数学的应用意识，提升数学学习兴趣，增强健康意识。

（三）设计主题方案

无论是主题活动的设计还是项目学习的设计都提倡多学时的长程学习。在设计主题活动时，可思考以下问题：①这一主题分几课时完成？哪些内容在课上完成，哪些在课下完成？②每一课时的教学任务和活动形式是什么？③每一课时的核心问题怎样设计？④这个主题与哪些学科相整合？⑤学习成果怎样呈现？

以第一学段的"欢乐购物街"为例，这一主题活动可采用"课上+课下"的形式开展，与美术学科整合，利用美术知识，制作手工作品、提供买卖物品、设计购物海报等；还可与语文学科整合，提前阅读有关人民币的绘本，交流购物感悟；等等。

再如，对于项目学习"营养午餐"，这个活动可以和信息技术学科整合，学生利用网络查阅资料；还可以和美术学科整合，制作食谱、海报；还可以和语文学科整合，引导学生交流、反思，可设计 5 课时完成。

（四）实施主题活动

《义务教育数学课程标准（2022 年版）》指出，主题活动的实施要面向全体，全程跟进，关注学生的参与情况，指导学生及时有效地反思与交流。以"欢乐购物街"为例，课前教师提供货币绘本，孩子和家长一起阅读。第一课时：以购物街主题引入，认识人民币。第二课时：开展购物活动。购物活动可与学校的数学节等活动结合，给学生充分的时间，经历买和卖的过程，进一步理解加减法的应用，感悟货币与商品的关系。第三课时：反思交流。交流可从两个方向进行：①自己各买或卖了哪些物品，各多少钱，自己是如何付钱或找钱的。②交流课前收集的货币小知识。

《义务教育数学课程标准（2022 年版）》指出，项目学习，可以采用"课内+课外、校内+校外、集中+分散"等灵活方式进行，调动学生的自主性，指导学生综合运用知识，开展有目的、有设计、有步骤、有合作、有反思的实践活动，培养学生解决实际问题的兴趣和能力，发展模型意识。

（五）主题活动的评价

《义务教育数学课程标准（2022年版）》指出，主题活动评价以教学目标为依据，内容主要包括：学生对相关知识内容的理解，对现实情境与数学表达之间关系的把握；学习活动中操作、思考、交流、创意等方面的表现；学习过程中的作品、报告等物化成果的评价。

在实施跨学科主题学习时，还需注意以下两点：一是不可为跨学科而跨学科。在解决问题过程中，当学生用单一的数学学科知识不能有效地解决这一问题时，就需要与其他学科进行融合，综合应用知识与方法来进行，这时进行跨学科学习是必要的。但对于一些简单的现实问题，学生仅依靠数学学科本身就可以解决的，就没必要为了跨学科而开展跨学科学习。二是不可"顾此失彼"。真正的跨学科一定是与学科紧密联系在一起的，数学学科的跨学科学习，就是对数学知识的深入理解和应用，不能因为跨学科而忘了数学学科本身的任务。

第四章 小学数学教学设计

小学数学教学设计是一门科学，也是一门艺术，需要遵循数学教学、数学学习以及数学学科本身的基本规律。对数学教学的基本含义、本质特点的深入理解，有助于树立正确的教学观、学生观和教师观，是小学数学教学设计的认识基础；对小学生数学学习的特点、认知发展规律以及学习方式的系统学习，有助于形成正确的学习观，是小学数学教学设计的认知起点；对小学数学学科的本质特点与教育价值的正确把握，有助于树立正确的数学观，是小学数学教学设计的逻辑起点。对小学数学教学设计的基本特征、基本要求和基本过程的理解与掌握，直接影响教学设计的质量。

第一节 小学数学教学设计概述

一、小学数学教学设计的含义

什么是教学设计？教学设计（Instructional Design，ID），亦称教学系统设计，是运用现代学习与教学心理学、传播学、教学媒体论等相关的理论与技术，来分析教学中的问题和需要、设计解决方法、试行解决方法、评价试行结果，并在评价基础上改进设计的一个系统过程。它既具有设计的一般性质，又必须遵循教学的基本规律。

教学设计的概念根据着眼点不同而具有不同的层次。广义的教学设计把教学看作一个复杂的系统工程，这个系统工程旨在实现国家对人才的培养目的，从整体到部分，筹划和综合各种有效的思想、方法、途径、手段和方式，从而为系统的高效运转提供一系列的科学决策方案。

课堂教学设计作为广义教学设计的子系统，其研究的对象主要是单元、课时的教学设计，因此，课堂教学设计是一个微观层次上的概念。一般地说，课堂教学设计是指为了达到预期的教学目标，运用系统观点和方法，遵循教学的基本规律，对课堂教学活动进行系统规划、实施和评价的过程。它的基本活动方式是针对四个基本要素。

①教学目标。教学所要达到的预期目标是什么？

②教学内容。为达到预期目标，应选择怎样的知识经验？

③教学策略、教学媒体。如何组织有效的教学？

④教学评价。如何获取必要的反馈信息？

数学教学设计，从字面上可以理解为带有数学课程特点的教学设计。顾名思义，它不仅具备教学设计概念，同时还具有数学的特点。数学教学设计是以数学学习论、数学教学论等理论为基础，运用系统方法分析数学教学问题，确定数学教学目标，设计解决数学教学问题的策略方案、试行方案、评价试行结果和修改方案的过程。作为数学教学设计，就是针对数学学科特点，具体的教学内容和学生的实际情况，遵循数学教学与学习的基本理论和基本规律，按照课程标准的要求，运用系统的观点和方法整合课程资源、制订教学活动的基本方案，并对设计的初步方案进行必要的反思、修改和完善。数学教学设计是被视为一个整体的、系统的、动态的连续过程，目的是解决数学教学中的问题，开展和实施数学教学的基本方案的过程，基本包括确立目标、建立、试行、评价以及修改方案。

影响小学数学教学设计有四大要素，即教师、学生、教学目标和教学内容。教学活动是在"教"和"学"这两种基本行为中展开的，这两种行为有共同的目的指向——教学目标，而这两种行为的对象即数学教学内容。简单地看，只要使两种行为在数学内容固有的逻辑运行轨道上达到一致，教学活动就是有效的。因此，我们认为小学数学教学设计是教师根据学生的认知发展水平和课程目标，依据教学核心内容及教育价值分析、学生情况及学习任务分析，来制定具体教学目标，选择适合学生的教学内容，设计教学过程各个环节的过程。

二、小学教学设计的基本特征

（一）整体性

数学教学是一种教学，又具有数学的学科特点。我们可以从两方面理解整体性，一是教学是由多种教学要素组成的一个复杂系统；二是体现在数学概念及其反映的数学思想的一体性上，又体现在各部分内容的有机联系上。从教的角度来说，要把握好整体性，才能有准确的教学目标，才能把握数学教得本质。从学的角度来看，注重整体性，才能了解知识的源头、发展和去向，才能掌握不同内容的联系性。教学设计是对这些教学要素和数学本质的系统安排与组合。

（二）操作性

教学设计为教学理论与教学实践、教学内容与学生认知水平提供了现实的结合点。它可以有一定的理论要求，同时又是明确指向教学实践的；它可以有一定的数学教学内容逻辑要求，但又要符合学生的认知基础。这种可操作性从本质上体现在数学教学活动中师生积极参与、交往互动的过程。兴趣激发、问题驱动、思维碰撞、质疑反思、探究辨析等支撑着教与学双方的积极参与、沟通对话和交流互动活动。设计的各个步骤必须有极强的可操作性，是教师组织教学的可行依据。

（三）生成性

众所周知，传统教案设计强调预设与控制，教学过程往往是执行教案，完成教案中规定的任务（内容和流程）。然而，把"预设"转化为实际的教学活动过程中，师生双方的互动往往会"生成"一些新的教学资源，需要教师能够及时把握，适时调整预案。教师应该正确理解"预设"与"生成"的关系，教学设计的"预设"是指教师对教材的理解、钻研和再创造。理解和钻研教材时，以课程标准目标为依据，把握好教材的编写意图和教学内容的教育价值；能根据所教班级学生的实际情况，选择贴切的教学素材和教学流程。教学设计的"生成"是指教师要上好课，一方面要通过启发式的教授，帮助和引导学生明确所需思考和解决的问题，激发学生的学习欲望和兴趣；另一方面要仔细观察学生的各种反应和表现，耐心听取学生用各种方式表达的意见，特别是迅速发现和捕捉到学生的思维亮点，及时做出积极的回应，给予鼓励，有效互动，以平等的姿态交换意见，因势利导，把握正确的思维方向，共同探讨，直至问题的解决。

在这一过程中，及时调整"预设"的流程和方案，甚至改变原有的设计，更加顺畅地实施教学过程，完成教学任务，实现教学目标。充分重视学生的主体地位，又积极发挥教师的主导作用，相辅相成，力求更好的教学效果。

第二节　小学数学教学设计的基本要求

一、注重教学目标，生成数学问题

教学目标统率着教学设计的整个过程，它既为选择教材内容、安排教学主题的顺序以及配置教学时间提供了依据，同时目标本身还是评价教学质量和效果的准则。教学目标在整个教学设计过程中处于核心地位，是整个教学设计的灵魂，教学设计中的其他要素都要围绕教学目标来展开。因此，在进行教学设计时，要将确立的教学目标分解成具体环节目标（可操作、可检测），要依据环节目标生成数学"问题串"，通过数学"问题串"构建一个或几个数学活动，让学生在参与数学活动过程中达成教学目标。

教学目标生成数学问题，利用数学问题组织数学活动，让学生在参与数学活动过程中达成教学目标。

二、注重问题驱动，启迪数学思考

问题是数学的心脏，问题是创新的基础，学习数学必须有问题。不仅要解决别人的问题，更重要的是自己要有问题。学习数学的定义、概念，总要问为什么需要它？它与前面所学的什么有联系？它与实际生活有什么联系？在学习数学的技能、方法和思想时，更需要深入发问，在回答中不断思考、不断理解、不断深入。在课程中，把"发现和提出问题，分析和解决问题"作为数学课程总体目标的表述内容，即："初步学会从数学的角度发现问题和提出问题，综合运用数学知识解决简单的实际问题，增强应用意识，提高实践能力。获得分析问题和解决问题的一些基本方法，体验解决问题方法的多样性，发展创新意识。"注重"问题驱动"体现数学问题在小学数学教学设计中的启发性，强调从教学和认知的角度激发学生探究热情和认知冲突，启发从数学的角度去思考问题，能够发现其中所存在的数学现象并运用数学的知识与方法解决问题，帮助学生主动建构对知识的理解。

如何设计问题？设计问题要从学生的实际（学生已有的生活经验、学科知识等）出发；由浅入深、阶梯式地逐步"带着学生走向数学思考"；设计的问题要让学生有东西可想，又让学生想得出，学生经过1~2分钟（或3~5分钟）的思考就能解决，或者讨论一下就能解决；让学生在解决问题的过程中体会其中蕴含的数学思想或方法。

基于对数学知识的本质的认识，我们可以从以下角度设计问题，帮助学生认识知识的本质、理解知识、建构知识。

①问题的设计与展开要展现概念的形成过程。

②问题的设计与展开要有利于对概念内涵和外延的逐步认识。

③问题的设计与展开要有利于学生从不同角度认识知识之间的联系。

④问题的设计与展开要有利于反思知识的建构过程。

总之，依据学生的学习特点，教师所设计的问题应该具有以下特点：挑战性，给学生带来认知冲突；启发性，引发学生参与数学思考；可接受性，让学生处于最近发展区。

三、注重直观联系，达成数学理解

什么是直观？有人认为直观就是"直接观察"。其实直观即指感性认识，直观的特点是生动性、具体性和直接性。直观教学就是指通过多种感官使学生获得大量感性认识，其目的是在此基础上由抽象概括上升到理性认识。在课标中，提出"几何直观"的概念。该概念认为直观不仅仅是指直接看到的东西（直接看到的是一个层次），更重要的是依托现在看到的东西和以前看到的东西进行思考、想象，综合起来。几何直观就是依托和利用图形进行数学的思考、想象，它在本质上是一种通过图形所展开的想象能力。很多重要的数学内容、概念，都具有"双重性"，既有"数的特征"，也有"形的特征"，只有从两个方面认识它们，才能很好地理解它们，掌握它们的本质意义。也只有这样，才能让这些内容和概念变得形象、生动起来，变得更容易使学生接受并运用它们去思考问题，形成几何直观能力，这也就是经常说的"数形结合"。

学生从七八岁到十一二岁为"具体运算阶段"。儿童开始具备运算能力，思维"由于具有可逆性转换的资格而获得了运算的地位"，但是，这一阶段的运算仍受到一定的限制，即不能脱离具体情境，在很大程度上要借助具体对象进行操作。在"具体运算阶段"儿童能凭借具体形象的支持进行逻辑推理。这一阶段的儿童刚好是小学阶段的学生，他们的"具体运算"的思维特点要求我们特别注意教学的形象化、具体化，不能在抽象水平上要求过高。

"直观联系"强调直观教学在学生数学理解中的重要作用，学生在学习数学知识、解决数学问题的过程中，教师应该根据数学知识的自身特点和小学生的认知阶段特点，来提供或让学生动手制作实物、模型、图示等丰富的数学学习材料，组织学生借此来进行各种认知活动，建立正确的心理表象，最终通过自己的思维构成对数学知识的抽象理解。在学习关于三角形、长方形、长方体等图形与几何知识时，教师可以利用生活中的物体、制作图形，直观地向学生展示说明，使学生理解几何概念和它们之间的关系。

四、注重活动过程，经历"数学化"过程

数学化是指实现数学的再发现和再创造的教学过程。即从学生熟悉的现实生活开始，沿着人类数学发现活动的轨迹，从现实中的问题到数学问题，从具体问题到抽象概念，从特殊关系到一般规则，逐步让学生通过自己的发现去习得数学、获取新知，帮助学生把头脑中已有的那些非正规的数学知识和数学思维上升发展为科学的结论，实现数学的"再发现"。虽然，学生要学的数学知识都是前人已经发现的，但对学生来说，仍是全新的、未

知的，需要每个人再现类似的创造过程来形成。数学知识的学习并不是简单的接受，而以再创造的方式进行。数学教师的任务在于返璞归真，把数学的形式化逻辑链条，恢复为当初数学家发明创新时的火热思考。只有经过思考，才能最后理解这份冰冷的美丽。

"活动过程"是指最终得到数学结论的数学活动过程。这里的"过程"包括两个方面：①发现实际问题中的数学成分，并对这些成分做符号化处理，把一个实际问题转化为数学问题，这是"横向数学化"过程。②在数学范畴之内对已经符号化了的问题做进一步抽象化处理，从符号一直到尝试建立和使用不同的数学模型，发展成更为完善、合理的数学结构，这个过程体现"纵向数学化"。教师设计的教学活动要有利于体现活动过程，有利于学生进行真正的探究活动。让学生在活动过程中，理解一个数学问题是怎样提出来的、一个数学概念是怎么形成的、一个数学定论是怎样获得和应用的，让学生在活动过程中学习和应用数学。

五、注重基本思想渗透，促进数学营养汲取

数学思想的内涵十分丰富，有学者通俗地把"数学思想"说成"将具体的数学知识都忘掉以后剩下的东西"，具体有：从数学角度看问题的出发点，把客观事物简化和量化的思想，周到地思考问题和严密地进行推理，以及建立数学模型的思想，合理地运筹帷幄，等等。基本数学思想具有一般性，需要满足两个条件：一是数学产生以及数学发展过程所必须依赖的思想；二是学习过数学的人具有的思维特征。前者是就数学的学科领域而言，后者是就数学的教育领域而言。归纳为三种基本思想，即抽象、推理和模型。通过抽象，人们把外部世界与数学有关的东西抽象到数学内部，形成数学研究的对象，其思维特征是抽象能力强；通过推理，人们得到数学的命题和计算方法，促进数学内部的发展，其思维特征是逻辑能力强；通过模型，人们创造出具有表现力的数学语言，构建了数学与外部世界的桥梁，其思维特征是应用能力强。

一个人完成学业进入社会后，如果不是在与数学相关的领域工作，他学过的具体的数学定理和公式可能大多都用不到，若干年以后就渐渐忘记了；而学习数学知识的同时如果也获得一些数学思想，这样的学习一定会使学习者终身受益。数学思想是数学科学发生、发展的根本，也是数学课程教学的精髓。数学学习不仅要学会数学的概念、公式、计算程序和解题方法，更重要的是让学生在学习这些结论的过程中感悟、体会和理解其中所蕴含的数学思想，并且能够与后续学习中有关的部分相联系。

小学数学教学可以并应该渗透哪些数学思想？在小学阶段，数学的基本思想主要有数学抽象的思想、数学推理的思想、数学模型的思想和数学审美的思想。由数学的"基本思

想"演变、派生、发展出来的数学思想还有很多，具体包括：①由"数学抽象的思想"派生出来的分类思想，集合思想，"变中有不变"的思想，符号表示的思想，对应的思想，有限与无限的思想，等等。②由"数学推理的思想"派生出来的归纳的思想，演绎的思想，公理化的思想，数形结合的思想，转换化归的思想，联想类比的思想，普遍联系的思想，逐步逼近的思想，代换的思想，特殊与一般的思想，等等。③由"数学模型的思想"派生出来的简化的思想，量化的思想，函数的思想，方程的思想，优化的思想，随机的思想，统计的思想，等等。④由"数学审美的思想"派生出来的简洁的思想，对称的思想，统一的思想，和谐的思想，以简驭繁的思想，"透过现象看本质"的思想，等等。

第三节 小学数学教学设计的基本过程

教学设计的基本过程包括：教学核心内容及教育价值分析；学生情况及学习任务分析；教学目标的确立；教学活动的基本过程；学习效果评价的设计。这五个方面课堂教学设计基本过程，它们是一个整体，也有顺序性。其中，确立教学目标是课堂教学设计的核心，教学核心内容及教育价值分析、学生情况及学习任务分析是制定教学目标的基本依据，教学活动的基本过程是实现教学目标的载体，学习效果评价设计是考察教学目标的达成情况。

一、教学核心内容及教育价值分析

教学核心内容及教育价值分析，主要是对静态文本资料的分析，主要包括：对课程标准、教学用书、教材等的解读；对学习内容的数学本质（上位数学知识）的认识；对教学核心内容所承载的教育价值的分析；对数学基本思想的把握。

对课程标准、教学用书、教材等的解读。需要特别指出的是，一节课的教材编写意图的分析应该基于对于单元整体教材的理解上。这就要求教师能够表述单元知识内容及单元知识结构，同时对本单元整体教材和本节课教材的内容设计和逻辑顺序等进行分析，从而体会出本节课在整个单元中的地位和作用；同时，教师还能够涉及内容的纵向联系分析，就是根据学习内容去分析，和以前学习过的内容和将来要学习的内容进行实质性的相关分析。

对学习内容的数学本质（上位数学知识）的认识，是指超越小学数学一节课的内容，在初中、高中（或中等师范学校）以及大学数学中出现的相关数学知识。简单说，希望数学教师从数学本质的角度去把握所教知识的本质内涵。

对教学核心内容所承载的教育价值的分析，就是希望教师不仅考虑所教的知识内容，更要探究知识内容背后蕴含的东西，这些东西中有的数学教育对学生来说是适宜的、满足发展需求；有的数学教育对学生来说是具有全面育人功能的。如学生对数学本质及思想有意义的感悟，对多样化的数学活动经验的体验与积累，对良好的情感体验以及个性品质的培养，对创新精神和实践能力的关注。这些东西具体包括两个方面，一是数学知识本身的魅力，即所学知识和方法的学习过程价值，知识探索、形成或应用过程中的思维价值；二是在学习数学知识过程中对于人的情感态度与价值观形成的价值。

数学基本思想作为学生思维发展的重要基础，它能发展学生何种思维能力，教师是应该有所全面的认识的。只有这样，教师在教学中才能正确地设计教学内容，循序渐进地、不断地对学生进行渗透。首先，教师在研读教材时，应深入挖掘教材中的数学知识所蕴含的数学基本思想，使教材中的数学基本思想明朗化。教师研读完教材之后，应当明确本节课要达成什么样的目标。其次，在制定教学目标时，教师不仅要把重点放在数学"双基"内容上，还应掌握数学基本思想。这样数学基本思想才不会像一个依附物一样只是搁浅在数学教育目标之中，真正成为学生数学素养不可分割的一部分。教学设计作为教师备课的书面体现，可以帮助教师在课堂教学中有目的、有节奏地进行教学。因此教学设计的编写对于教师教学是非常重要的，是教师在进行课堂教学时的方向与依据。数学基本思想作为对数学知识的一种提炼概括，若教师将数学基本思想渗透在教学设计的各个环节，这无疑可以拓展数学知识的深度，让学生在学习数学知识的同时还能感悟到数学基本思想。

对于教学核心内容的分析，建议如下。

①教学核心内容分析要始终围绕问题展开，用好问题激发、调动探究的意识，带着问题进行教学核心内容的分析。

②对比梳理课标（大纲）、教材时要进行适时的归纳和提炼，既要整体把握教学内容，对相关内容的核心和本质进行梳理、概括，如认识面积属于图形度量的范畴，其核心是"统一度量单位、有限可加性"；又要分析核心概念，把握核心思想，了解不同学习材料，分析不同设计思想，突出概念本质。在这里要特别指出，要围绕一节课的上位数学知识与小学数学教学内容的紧密结合，帮助教师把握教学内容的本质及指导小学数学教学。

二、学生情况及学习任务分析

学生情况及学习任务分析，主要是对教学对象——学生的情况分析。学生是具有主观能动性的个人，自身的身心发展会随着知识的习得而发生改变。学生是带着全部的丰富生活经验进入课堂的，这不仅仅包括学生已有的知识，还包括学生的生活体验和知识经验、学生的困惑、学生的情感等。要想真实地了解学生学习前准备状态，不能简单地依靠教师对学生的主观经验，还需要一些简便易行的教学调研。

学生情况分析一般由两个方面的内容构成：一方面是对学生主体存在的认知水平或程度和需求水平或程度的调查；另一方面是教师主体针对所收集的学习前调查信息做的统计分析。学生的认知水平或程度包括两类：一是已有习得的客观知识经过内化或类化所达到的经验状态；二是对即将学习而未学的重点、难点知识的经验状态。学生的需求水平或程度，是指学生主体对即将学习内容应有的学习兴趣或积极的学习态度动机。通俗地说，分析学情就是分析学生思维过程，厘清"学生可能会怎么想"，透析学生思维障碍，明晰"学生的困难是什么"。基于这样的基础，调研方式包括课前测验、访谈、课堂观察、作业分析等。教师需要根据不同的目的合理选择。公开课我们提倡课前测验、访谈，常态课我们提倡单元前小测试、访谈、课堂观察、作业分析等。

对于学生情况的分析，提出如下建议。

①小学数学中的学生情况分析是为了在教学前诊断学情，结合教学核心内容分析学生已经经历、可能遇到的困难以及学习时的思维过程。基于实证地进行学生情况分析，而不仅仅是基于感觉、经验和理念的宽泛描述。

②教师在进行学生情况分析的过程中要围绕教学核心内容分析后的问题。教师要清楚地认识到自己进行学情分析是为了什么，接着要弄清分析学生的哪些情况，最后再选择某种方式进行学情调研。

③调研方式包括课前测验、访谈、课堂观察、作业分析等。教师需要根据不同的目的合理选择。

需要特别指出的是，教师需要在学生调研的基础上，结合教学核心内容的分析，确定学生的学习任务。学生已有知识经验是学习任务的起点，学生的学习困难是学习任务探究的重难点。

三、教学目标的确立与表述

教学目标是教学活动预期达到的结果，是学生通过学习以后预期产生的行为变化。它表现为对学生学习成果及终结行为的具体描述。教学目标是教师希望通过数学教学活动所达到的理想状态，是数学教学活动因材施教的结果，是数学教学设计的起点和核心。教学目标是为学生的"学"所设计，教师的"教"是为学生学习目标的达成而服务的。

（一）教学目标的确立

教学目标的确立是在经历了完整教学核心内容及教育价值分析和学生情况及学习任务

分析的过程的基础上得出的。通过教学核心内容及教育价值分析把握教学的重点，通过学生情况及学习任务分析诊断教学的难点，在重难点比较清晰的情况下，结合课程目标、教学资源进行预设目标设计。而且从教学目标就能看出教师在后续的活动设计中都将设计怎样的活动，为了实现哪个目标。教学目标对教学活动设计的指导作用非常明确。

对于教学目标的设计，提出以下建议。

①在进行教学目标设计时需要教师关注教学核心内容及教育价值的分析与学生情况及学习任务的分析，教学核心内容及教育价值的分析是明了教学的逻辑起点，学生情况及学习任务的分析是认识学生的认知起点及认知困难，确立适宜的教学目标。

②教学目标是教学活动设计的依据，在教学活动设计时要不断审视目标，将确立的教学目标分解成具体环节目标（可操作、可检测），要依据环节目标生成数学"问题串"，通过数学"问题串"构建一个或几个数学活动，让学生在参与数学活动过程中达成教学目标，确保活动为实现目标服务。

③教学目标是实施教学活动的保障，把教学设计的"预设"转化为实际的教学活动过程中，师生双方的互动往往会"生成"一些新的教学问题与教学资源。教师需要根据教学目标及时把握，适时调整。教师要通过启发式的教授，帮助和引导学生明确所需思考和解决的问题，及时做出积极的回应，给予鼓励，有效互动，以平等的姿态交换意见，因势利导，把握正确的思维方向，共同探讨，直至问题的解决。

（二）教学目标的陈述

教学目标确立后，我们要以书面的形式陈述出来。教育心理学家对于教学目标的表述，有两种不同的观点。行为主义强调用可以观察、可以测量的行为来描述教学目标；认知学派则主张用内部心理过程来描述教学目标。尽管这两种观点不同，但教学目标的重点应说明学生的行为和能力的变化这一观点是被共同接受的。

1. 行为目标的陈述

指经历教学过程后，学生身上所发生的行为变化及其程度。它具有精确性、具体性和可操作性等特征。较适用于"知识与技能"教学目标的陈述。美国心理学家马杰提出，教学目标一般应包含四个要素：主体、行为、条件和标准。即 ABCD 法。A 是主体（audience），指目标行为的主体是学生。B 是行为（behaviour），指学生在教学过程后应能够做什么，用行为动词描述学生所形成的可观察、可测量的具体行为。C 是条件（condition），指学生完成行为是在什么条件下产生的。D 是标准（degree），指学生对目标所要达到的最基本要求。对行为标准的具体描述，可使教学目标具有可测性。行为目标的陈述方式是

"行为主体+行为动词+行为条件+达成的程度"。

2. 发展目标的陈述

指在教学情境之中伴随教学展开而强调体验和表现的目标。它具有历时性和过程性的特征。较适用于"过程与方法"教学目标的陈述。发展目标表述重视学生的个性思考和教学过程的感悟，在一定程度上弥补了行为目标表述的不足。

3. 表现目标的陈述

指学生在教育情境中的种种"际遇"——每一位学生个性化的创造性表现。它强调学生的个性差异和创造性表现。较适用于"情感态度与价值观"教学目标的陈述。对于表现目标的陈述，重在明确规定学生应参与和经历的活动及情境，描述学生在活动中应表现出来的行为和态度。

4. 内部过程与外显行为结合的目标陈述

有一些教学目标无法用行为来描述，如学生内在心理发生的变化、情感态度的变化等。为此，美国心理学家格伦兰德提出用内部过程和外显行为相结合的方式陈述教学目标。用这种方法陈述的教学目标由两部分构成：第一部分为基本的教学目标，用一个动词描述学生通过教学所产生的内部心理变化，如理解、运用、分析、创造、欣赏、尊重等；第二部分为具体教学目标，列出具体行为样例，学生通过教学所产生的能反映其内在心理变化的外显行为。当然，教学目标的制定可以从三维目标角度来进行思考，也可以从数学课程的四大具体目标（知识技能、数学思考、问题解决和情感态度）来进行思考。但在日常设计中，不能拘泥于某一种教学目标的陈述或形式，而必须根据课程标准、教学内容、教学对象、教学条件等因素，努力去实现几个方面目标的整合，灵活陈述教学目标。这些目标其实可以分成两组：结果性目标和过程性目标。在一般常态课的教学目标设计中，我们提出一节课的课时教学目标中有三要素：①结果性目标；②过程性目标；③实现目标的主要途径。

四、教学活动的基本过程

教学活动的基本过程，是为了达成教学目标，教师精心设计的教学活动的过程。数学教学活动是一种特殊的活动。数学教学活动是师生积极参与、交往互动、共同发展的过程；数学教学不应该是教师单向、独白式的教学，它是教师、学生、文本之间的多向交互关联的活动体，它通过交往获得动力，通过互动得到创生；数学教学不仅仅表现为抽象的符号传授，更应是生动的、富于思维碰撞的心灵沟通；教学活动是在"教"和"学"这两种基本行为中展开的，这两种行为有共同的目的指向——教学目标，而这两种行为的对象即数学教学内容。教学活动的基本过程是通过一系列的思维活动把知识贯穿起来，使学生真正感悟到数学知识深化发展的动态过程。从微观的角度看包括：知识发生设计、知识发展设计、知识应用设计和知识反思设计。

（一）从"现实数学"中提炼数学问题

对于小学生而言，"现实数学"主要是指特定生活环境下丰富的日常生活体验和现实知识积累。这其中包含着大量的数学活动经验。

数学概念作为具有概括性、抽象性、精确性等特征的科学概念，在概念形成过程中，需要以学生头脑中已有某些自发性概念（日常概念）的具体性、特殊性成分为依托，从中寻找出它的理论逻辑性，使之能借助经验事实，变得容易理解。小学数学中许多概念，特别是一些基本概念，与现实生活有着不可分割的联系。因此，在新概念引入时，要注意利用学生自己在日常生活中的经验或事实，也可以由教师提供有代表性的典型事例，使他们身处现实问题情境中，通过亲身体验，在感性认识的基础上，借助于分析、比较、综合、抽象、概括等思维活动，对常识性材料进行精微化，自主提炼成现实数学问题。

（二）将学生带入问题中揭示概念形成过程

数学活动的核心是问题。丰富学生在概念学习过程中的体验，将数学概念的形成过程、形式化的数学概念及一些相关的材料转化为富有现实生活意义的问题情境，从而把学生带入问题中，让学生在问题的探索中构建概念的心理表征。具体有两种教学策略。

一种教学策略是，把数学概念的生成过程问题化。从课程目标来看，概念的由来、概念的必要性和概念的应用性，应该是概念教学的目标。概念生成过程中的诸问题，往往是区分概念本质特征与非本质特征的关键所在。因此，在教学中应尽可能把概念展示过程转化为一系列带有探究性的问题，真正让学生在现实生活和已有知识基础上展开"火热的思考"，在自主递进式的问题解决中揭示概念的形成过程。

另一种教学策略是，把书面化的抽象材料转化为蕴含概念本质特征、贴近学生生活、适合学生探究的问题。

（三）引导学生在数学化中分化、概括和形成概念

数学概念形成的发展过程是一个数学化的过程。通过学生对常识材料（即日常生活经验和已有的知识）进行细致的观察、"火热的思考"，借助于分析、综合、比较、抽象等思维活动，对常识材料进行去粗取精、去伪存真的精加工，从中舍弃材料的现实意义，抽象出共同的、本质的属性或特征，并区分出有从属关系的关系属性，使新概念与已有认知

结构中的相关观念分化，用语言概括成概念的定义。

（四）　在概念应用中完善概念意象

在新概念图式雏形建立的基础上，通过概念的应用完善概念意象，具体说，就是数学概念与实际应用之间多次润色，形成概念意象。可以在两个层面设计应用。①通过巩固练习、变式练习等练习行为（具有一定模仿性、探索性和自主发现性），让新学习的知识得到巩固。这一层面的学习，学生学到了一定技能，使新学习的知识在应用中体现价值和进一步挖掘新的内涵。②按照科学概念的意义，从不同侧面设计实际生活问题和解决综合问题。从中体会数学的意义，深化对概念本质属性的理解，增强问题意识、在潜移默化中形成用数学的眼光观察事物、真正把握概念本质属性的能力。这一层面的应用，使学生初步形成的数学认知结构臻于完善，最终形成新的良好认知结构，以求新知识更广泛的应用。

在应用设计中要引入迁移规律，既要有知识正迁移的有效实现，又要有知识负迁移的有效澄清。设计方式是组织系列问题：或是正误辨析，或是错误识别并分析理由，或是提供背景材料解决实际问题的练习，或是不循常规的开放式问题，或是仅仅提供问题背景。

（五）　概念形成的升华——启发学生"反思"

所谓反思就是自己做了实践性活动，然后脱身出来，作为一个旁观者来看待自己刚才做了些什么事情，把自己所做过程置于被自己思考的地位上加以考虑，有意识地了解自身行为背后潜藏的实质，并从中借助自己的数学知识与数学方法归纳结论。可以说，大部分数学概念的形成都经历了反思的活动。有人或许会觉得，数学反思只要在归纳结论时用一下就好，其实不然。数学概念的理解不是一次就能完成，概念形成不是靠几个理解的操作活动（实际操作演算，或是头脑中的操作——思想实验）就能完整概括。反思贯穿于概念形成整个过程，我们应该不失时机地培养学生的反思意识。在课堂教学中，或教师提问，或学生自我提问。如"这个知识与以前的知识有怎样的关系？""这些例子其实告诉我们什么？""你（我）是怎么想的？""这个知识在哪些地方可以用呢？"等问题。

五、学习效果评价的设计

学习效果评价设计，主要是根据教学的目标对教学过程各个环节以及教学效果的分析与评价，它是小学数学教学过程中一个必不可少的组成部分，也是数学教学中重要的管理手段。它应该贯穿于整个教学活动，通过提供与教学活动同步的反馈信息，帮助教师了解学生是否达到教学目标，同时在一定程度上反映了教师的教学效果。

评价小学数学学习时，应注重对学习过程的评价。也就是说，要把学生在学习过程中的全部情况都纳入评价范围，如学生解决问题的过程、探究过程、运用前提形成假设的过程、交流与合作的过程、推理和计算的过程、使用技术手段的过程等，强调过程本身的价值，把学生在学习过程中的具体表现作为评价的主要内容。评价小学数学学习时，应恰当地评价学生对基础知识、基本技能、基本思想、基本活动经验的掌握程度。

基础知识和基本技能是培养学生数学素养、促进学生全面发展的载体。任何科学思维的获得都离不开具体的知识和技能。但是，评价学生的数学素养时，不能像过去那样以基础知识和基本技能作为唯一的标准，还要包括从数学的角度去观察、分析世界的意识，思维的能力，运用数学的思想和方法去解决日常生活和其他学科中问题的能力，以及对数学的情感、态度、兴趣等。

基本思想主要是指演绎和归纳，是整个数学教学的主线。过去对数学知识的测验主要集中在评价学生是否能记住一个概念的定义，对数学技能的评价主要是看学生数学技能的熟练程度，而对隐含在技能中各概念之间的复杂关系，以及对数学思考过程中的解题策略的使用和渗透的思想方法却很少评价，对于学生在解决问题中积累的活动经验也不是很重视。应让学生在真正理解和掌握各种数学知识和技能的基础上，培养其数学思维，使其积累数学活动经验。

数学学习评价应从"单一化"走向"多元化"，以促进学生全面发展为目的，注重引导学生自主积累、体验和感悟，激发学生的学习兴趣，营造轻松和谐的课堂气氛，全面提高教学效率，提高学生的数学素养。下面，主要从评价主体的多元化、评价内容的多元化、评价对象的多元化、评价方式的多样化四个方面来介绍多元评价。

（一）评价主体的多元化

评价主体要多元化，强调学生、教师、家长、教育专家、社会相关机构共同参与，对数学学习展开全面评价，使评价成为学生和教师认识自我、发展自我、管理自我、激励自我的一种手段。

①开展自我评价，促进自我发展。根据学习目标和要求，引导学生参与学习活动，积极开展自我评价，以培养学生自主学习的能力，达到"教是为了不教"的境界。

②通过学生互评，增强学习动力。学生是学习的主体，教师应充分调动和发挥学生集体的力量，让学生参与评价，通过评价互相促进。学生互评不仅有利于学生取人之长、补己之短，还可以锻炼学生判断是非的能力和口语表达能力。

③提倡师生互评，保持学习张力。师生互评可以充分调动学生主动学习的积极性，促使师生在思想碰撞、情感交流中，营造民主、自由、开放的学习氛围，开展主动、有效的

互动学习，取长补短，共同进步。

（二）评价内容的多元化

评价内容要多元化，主要体现在以下两个方面。

①注重对学生学习过程中情感态度、价值观的评价。端正的学习态度、良好的学习习惯、高涨的学习热情是学生健康学习的根基、后继学习的动力。

②注重对学生各种能力发展情况的评价。发展学生的各种能力，一定要结合知识的传授过程；必须结合知识体系，有目的、有计划、有序列、有层次地由低级向高级逐步地、全面地培养。

（三）评价对象的多元化

素质教育要求每个学生都应在原有基础上得到最大可能的发展。在教学过程中，教师必须采用一些尽可能让全体学生都参与的策略，尽可能地避免和减少"少数学生争台面，多数学生作陪客"的形式，要把以个别参与为主的组织形式，转变为以全体学生参与为主的组织形式；把"一刀切、齐步走"的组织形式，转变为因材施教、分层达成的组织形式。

（四）评价方式的多样化

为了更加客观公正地评价学生的学习状况，应采取多种评价方式，如语言表扬、物质奖励、成长记录袋评价、非语言激励、作业分析等。

1. 语言表扬

教师不应该吝啬自己的语言表扬，应对学生学习过程中的闪光点给予肯定。这种评价方式的优点是教师不必做太多的课前准备，具有很大的随机性。

2. 物质奖励

物质奖励是通过奖红花、红五星、小动物剪纸等形式，对学生在学习过程中的突出表现进行奖励。这种评价方式的优点在于这是一种形式性的评价方式，便于教师控制。

3. 成长记录袋评价

成长记录袋可用来记录学生成长的足迹。成长记录袋的内容包括能够反映学生学习过程和成果的资料，自己特有的解题方法，印象最深的学习体验，自认为满意或成功的作品、作业，教师的评价记录，单元知识总结，富有挑战性的问题，最喜欢的书，自我评价与他人评价，自我小结或反思等。

成长记录袋可以直接参评，也可以作为纵向评价的依据。学生成长记录袋评价的优点是可以反映学生一定时期内数学学习的成长，让学生了解自己数学学习的成长轨迹，发现学习规律，反思不足，改进学习方法。

4. 非语言激励

评价本身就是一个学习的过程。在实施有效的语言评价时，也可进行一些非语言评价来激励学生学习。例如，学生学习遇到困难时，教师给予一个鼓励的眼神，或把一些"学困生"的作业与"学优生"的作业一起展览等。

5. 作业分析

作业是日常教学质量的体现，作业分析是评价教学质量和教学水平的重要方式之一。作业可以分为短周期作业和长周期作业。短周期作业要当堂完成，教师现场分析其质量、速度和效果；长周期作业可以经历几天或几周，教师参与设计、实施及报告，学生可与他人交流，最终根据学生表现做出相应评价。

分析学生作业时，要多问问学生的想法，以此来评价作业的效果。作业分析也是把握学生心理、发现教学过程中问题的有效途径，还可以和学生建立融洽和谐的师生关系。

第五章 小学数学教学技能

第一节 小学数学教学的导入技能

一、小学数学教学导入的功能

数学课堂导入的目的是激发学生的兴趣，明确学习目标，为学习新知识营造良好的学习氛围。"良好的开端是成功的一半"，精心设计课堂导入，可以达到低耗高效、事半功倍的效果。

（一）激发兴趣，产生动机

兴趣是最好的老师，可以引起学习动机的产生。采用精练的语言，创设美妙的情境，恰当地导入，可以在短时间内吸引学生，同时，好的导入能激发学生浓厚的学习兴趣，激起学生强烈的求知欲望，使他们积极主动地进入学习状态。

（二）引起注意，集中思维

新课刚开始，学生的思想还处于分散状态。如果教师用新颖的、强烈的刺激（如语言、图片、动画等）导入新知，就可以一下子抓住学生的注意力，帮助学生收敛课前的各种思想，在大脑皮层和有关神经中枢形成对新课内容的"兴奋中心"。这样做能迅速引起注意，集中思维，为新课的学习做好心理上的准备。

（三）温故知新，承前启后

当新课内容与以前学习的知识有密切联系时，教师可以引导学生回顾复习，架起新旧知识的桥梁。教师有意设计"陷阱"，设计让学生用已有的知识或已有的方法无法解决的新问题，让学生产生认知冲突，迅速进入探求新知的状态。

二、小学数学教学导入的原则

（一）科学性

导入内容要准确无误。即导入的材料、操作过程等要围绕内容展开，所用的材料要为内容服务，突出概念的本质，尽可能排除非本质的干扰。

（二）趣味性

导入富有趣味性，能吸引学生，把学生注意力指向导入材料的主要内容，激发学生的学习兴趣。

（三）启发性

教师基于学生已有的知识、经验和思维水平，创设"愤悱"的问题情境，使学生产生认知冲突，从而启迪学生主动思考。启发导入会让学生出现"愤悱"两种心理状态，教师及时点拨就能够有效促进学生认识水平的提高。

（四）简洁性

导入要简洁明了，快速进入主题，引发学生的认知冲突。导入仅仅是课的开始部分，一般所占的时间为 2~5 分钟，避免冗长费时间而又主次不清。

三、小学数学教学导入的方法

（一）复习导入法

复习导入就是通过复习与本节课密切联系的旧知识导入新课的方法。数学知识的结构性特点决定了数学教学是一个环环相扣的过程，许多新知识的学习需要前面的知识做铺垫或生长点。因而这种导入使用范围较广，是最常用的导课方法之一。

例如，教授"两位数乘两位数"时，教师出示 13×2 =？待学生计算后，教师提问：这是几位数乘几位数？现在老师将算式改为 13×12，是几位数乘几位数？大家会算吗？这就是今天我们要学习的"两位数乘两位数"。

（二）故事导入法

故事导入是以讲故事的方式导入课题的方法。小学生都是故事迷，教师将教学内容恰当的融入学生喜闻乐见的故事中，能吸引学生，使学生积极投入新知识的学习中。

例如，在教授"分数大小的比较"时，可以用故事导入：唐僧师徒 4 人去西天取经。有一天天气炎热，八戒大汗淋漓地抱来 1 个大西瓜，可 1 个西瓜 4 个人怎么分呢？唐僧说："为了公平，每人分四分之一吧。"这可把八戒给急坏了，猪八戒说："瓜是我找来的，怎么说我也得多分一些，我至少要分五分之一。"小朋友们听了，哈哈大笑。教师趁热打铁：四分之一和五分之一哪一个数大呢？今天我们来学习"分数的大小比较"。

(三) 游戏导入法

游戏导入就是教师通过组织学生做游戏导入课题的方法。心理学家弗洛伊德说："游戏是由愉快原则促动的，它是满足的源泉。"爱玩是小学生的天性，做游戏可以满足他们爱玩的心理需求。游戏导入法能寓教于乐，使学生在轻松愉快的游戏中探求新知，增加对新知的兴趣。

例如，在教授"找规律"时，可设计如下游戏：教师邀请学生一起来做游戏，先请同学们仔细观察教师的动作，教师拍手一次，拍肩两次，重复做三次，然后问："谁知道接下去怎么拍，为什么？"学生高兴极了，纷纷拍了起来。这时让同学们互相说说他是怎么知道这样拍的，然后再找一名学生说。此时，学生已经感悟到了教师的动作是有规律的，紧接着请同学们与教师一起边拍边说。教师接着说："在我们日常生活中，也有很多像这样按照一定顺序、有规律的排列，今天就让我们一起来'找规律'。"

(四) 情境导入法

情境导入就是以童话人物、生活事例等为素材，创设学生喜闻乐见的情境，导入新知的方法。将数学知识融入情境中，让学生在情境中尝试解决问题，而问题是无法用前面学习的知识解决的，使学生达到一种心求通而不能的"愤悱"状态时，引出新课题。

例如，教授"平行四边形的面积计算"时，教师可以创设小熊和小猴刷墙比赛的情境：利用多媒体课件展示，喜乐公园围墙需要粉刷。有一天，小熊和小猴比赛刷墙壁（屏幕呈现墙壁上画的两个等底等高，但形状不同的平行四边形）。小猴说："我刷的面积比你的大！"小熊不服气地说："我刷的面积比你的大！"小朋友，他们俩谁刷的面积大呢？谁能当这个裁判？小朋友们激烈讨论，但谁也说服不了谁。这时，教师趁机说："如果我们知道平行四边形的面积计算公式，就能当好这个裁判。今天我们就来学习'平行四边形的面积计算'。"

（五）演示导入法

演示导入是教师利用教具或课件将教材内容演示出来的一种导入新课的方法。演示导入一般可以分为四种：第一，利用图画、图片演示；第二，利用教具、模型演示；第三，利用录像、幻灯片和多媒体课件演示；第四，学生角色扮演来演示。演示导入法可以将抽象的数学知识具体化，静态的数学知识动态化，使学生获得丰富的感性认识，加深对数学概念本质的认识。但演示过程不要太复杂，要避免非本质属性的干扰。

例如，教授"相遇问题"时，可让两名学生分别从讲台左右两端，面对面地向对方行走，让学生理解"相遇""相向"等抽象的数学术语，理解路程、时间、速度三者之间的关系。

（六）悬念导入法

悬念导入是教师通过创设悬念性的问题情境导入新课。悬念对大脑皮层有强烈而持久的刺激，使学生产生一种迫切求知的心理状态，激发学生的学习热情，活跃学生的思维。使用悬念导入法时，教师要结合教学内容以及学生的心理状态，恰当地把握问题的难易程度，既不能过于简单让学生一下就能破解，也不能过难让学生无法解决。

（七）实验导入法

实验导入法就是通过利用实物、仪器实验引入新知识的方法。对于比较抽象的知识，除了采用语言，还需要通过实验的方法才能让学生理解。

小学数学课堂导入的方式方法多种多样，教师要依据教材内容、学生情况以及教师自身的教学风格灵活选择和运用。无论采用哪一种，都应该充分调动学生的学习积极性，使学生在短暂的时间内进入学习状态。

第二节　数学教学提问与理答技能

数学教学提问是数学教师在课堂上运用问题与学生交流对话，促进学生积极主动地参与课堂学习、启迪学生思维、了解学生的学习情况，使学生理解和掌握知识、发展数学能力的一种教学行为。提问是教师进行有效教学的一项重要教学技能。有问必有答，有答必有反馈，这种反馈就是理答。教师的理答是学生积极思考、探求真理的催化剂。因此理答也是教师必须掌握的一项教学技能。

一、小学数学教学的提问技能

（一）小学数学课堂提问的功能

1. 检查效果，及时反馈

提问可以检查当前学生的学习效果、学生对数学知识的理解和掌握情况。教师通过对反馈的信息及时利用，可以调整教学进程和策略。

2. 训练思维，锻炼表达

提问可以引发学生思考，训练学生的思维。学生思考教师提出的问题后，要把思考的结果用语言表达出来需要组织语言，以使自己的思考结果能清晰地表达出来，这样就可以锻炼学生的语言表达能力。

3. 引起注意，组织教学

心理学研究表明，小学生课堂注意力集中的时间为十五分钟左右。如果课堂是教师的"一言堂"，学生的听觉会因过长时间受到刺激而处于疲倦状态，容易分散注意力，降低学习效果。如果在讲解过程中，适当地提出问题，给学生思考的时间和空间，还给学生话语权，更能引起学生的注意，更有助于课堂教学的组织，更有利于提高课堂教学效果。

（二）小学数学教学提问的原则

1. 目的性

提问要依据教学目标、重点和难点，有目的、有针对性地设计问题。

2. 启发性

提问要启迪思维，使学生产生探索活动的心向，激发学生的求知欲。

3. 适宜性

教师提问的数量要适当，问题的难度要有梯度，提问的时机要把握恰当。

（三）小学数学教学提问的方法

小学数学教学提问的方法很多。按照认知水平的指向可以分为回忆性提问、理解性提问、运用性提问、分析性提问、综合性提问和评价性提问。

1. 回忆性提问

回忆性提问就是指要求学生通过回忆学过的知识来回答问题的一种提问方式。例如，在学习三角形面积计算公式之前，让学生先来回忆"平行四边形的面积公式是什么"。

通过回忆性提问，教师可以获得学生关于学过的知识的识记情况的反馈信息，以确定下一内容的教学起点。回忆性提问需要学生回答"是什么"，会限制学生的思维，因而这类提问不宜过多。

2. 理解性提问

理解性提问就是指要求学生用自己的话来解释、说明和阐述已经学过的知识。理解性提问常用的关键词是解释、比较、叙述、说明等。例如，你能用自己的话来解释三角形的高吗？

通过理解性提问，教师可以检查学生对概念、法则、规律、公式等数学知识的理解和掌握情况。而学生通过思考和回答，可以对所学内容有进一步的理解。

3. 运用性提问

运用性提问就是创设一个问题情境，让学生运用所学知识解决新问题的一种提问方式。常用的关键词是应用、运用、举例等。例如，你能举例说明路程、速度与时间的关系吗？

通过运用性提问，教师可以了解学生运用数学知识解决问题的水平与能力。而学生通过解决问题，可以体会数学的应用价值，提高解决问题的能力，建立学好数学的信心。

4. 分析性提问

分析性提问就是要求学生对所给问题的构成要素、条件与结论的关系进行分析。常用的关键词是分析、证明、验证、为什么等。例如，你能验证三角形的内角和等于180°这个结论吗？

这类提问没有现成的解决方案，学生仅通过回忆是无法回答问题的，必须从所给问题中寻找直接条件、推导间接条件，厘清条件与结论之间的关系才能解决问题。

5. 综合性提问

综合性提问是要求学生对数学概念、法则和规律进行再加工、再组织，得出新结论的一种提问方式。常用的关键词是归纳、总结、根据等。例如，根据这三组等式，你能归纳出共同的规律吗？

要回答这类提问，学生要从整体把握，从全局出发，把各部分、各单元联合起来思考，有利于培养学生的创造性思维。

6. 评价性提问

评价性提问是要求学生根据一定的评价标准或评价准则，对所提问题进行价值判断的一种提问方式。常用的关键词是评价、证明等。例如，对于……你的看法是什么？你认为他这样解答有道理吗？为什么？

这类提问需要学生基于自身的价值观念、各种知识经验，独立思考，才能提出个人见解，评价他人观点。

二、小学数学教学的理答技能

理答就是当学生回答教师提出的问题时，教师对学生的回答做出反应的方式。理答是对应于提问而言的，没有提问，理答就无从谈起。小学数学教学中，常用的理答策略有以下几种。

（一）有效的倾听

1. 恰当把握等待的时间

等待的时间分为两段，从教师提问到学生回答的时间间隔，是第一等待时间；从学生回答到教师做出反应的时间间隔，是第二等待时间。第一等待时间的把握，是根据学生对教师提问的反应而定，当班级中大多数学生举手或面带微笑时，说明等待时间足够，可以让学生回答了；当多数学生挠头、一脸茫然时，说明学生还没找到答案或还没有完全找到答案，应再给一些时间或者给一些提示。第二等待时间的把握，可以视班上其他学生的反应而定，当回答得到班上多数学生认可，教师给予正面的积极的回应；当班上多数人有否认的表现，说明答案不够完善或不正确，可以再给回答者一些时间让其思考。

2. 倾听的对象要全面

教师应该关注全体学生的全面发展，倾听三个不同层次的学生。让每个层次的学生都有回答问题的机会，力图让每个层次的学生都能获得教师的肯定、获得成功的体验。

3. 倾听的内容要广泛

应认真倾听各种观点、看法、思想和解法，尤其是与教师或教材不一致的思想，甚至是错误的看法。

4. 及时鼓励学生

在倾听过程中，教师不能随意打断学生。当学生的回答陷入困境时，教师应及时给予鼓励，用期待的目光注视着学生，鼓励学生继续思考。教师全神贯注地倾听学生回答，一方面可以捕捉到学生语言反馈信息，适时调整教学策略；另一方面是对学生的尊重和接纳，是对学生最大的鼓励和奖赏，同时会感染其他学生也认真倾听，形成良好的课堂学习氛围。

（二）有效的评价

有效评价的方法多种多样。就评价的主体而言，有教师评价、学生评价。就评价的内容而言，有对表达的清晰性、准确性和科学性的评价，还有对学生思维的深刻性、广阔性、灵活性和独特性的评价。就评价的表现形式而言，有点头、微笑等无声语言的评价，有表扬、鼓励、鞭策等有声语言的评价，还有伸出大拇指表示"顶呱呱"的肢体语言的评价。无论采用何种形式的评价，其目的是让学生明确答案的对错及其原因，让学生得到鼓舞，建立学好数学的信心。

（三）恰当的追问

恰当的追问，可以使学生回顾、反思自己的回答，使观点更明确、更完善，还可以使学生生成更多的信息。追问的形式多样，就思维水平来说，可以分为解释性追问和分析性追问。

解释性追问，就是在学生回答问题后，为了让学生进一步解释或说明理由而做出的追问。提问的形式常常有"为什么""理由是什么""你能解释吗"等。解释性追问只需要学生简单说出理由，重点给出解释。

分析性追问，就是让学生对回答的依据或思维过程进行分析的追问。常用的提问形式有"为什么""你的思路是什么""关键是什么"等。分析性追问侧重于分析解决问题的思维过程。分析性追问有利于澄清回答中的模糊内容，发展学生"有理有据"的逻辑思维能力。

第三节　数学教学小结与总结技能

小学数学课堂小结是指小学数学课堂教学过程中的某一教学活动结束时，教师所采用的结束该教学活动的一种教学行为方式。例如，在学习完某一个数学概念、数学规律、运算法则、数学公式等之后，教师引导学生对该学习活动进行归纳、概括。小学数学课堂总结是指在一节课接近尾声时，教师引导学生结束本节课教学活动的一种教学行为方式。

一、小结与总结的功能

（一）适时巩固，反馈信息

当数学课堂教学中的某一教学活动或整节课接近尾声时，小结与总结，既能及时巩固刚学习的新知识，又能适时反馈存在的问题。教师通过适时提问、点拨、归纳和概括，可以强化学习记忆，促进学生反思，加深学生对学习重点的掌握和难点的理解。总结和小结可以及时发现问题和困惑，为下一步教学提供反馈信息。

（二）及时回顾，完善认知

小学数学课堂教学中，某一教学活动或整节课接近尾声时，教师引导学生围绕学习目标，有目的、有计划地将这一教学活动中的知识要点或整节课的收获、体会，进行回顾、梳理和概括，以同化或顺应的方式建构新知识，完善认知结构。

（三）承前启后，延伸拓展

数学学科的逻辑严谨性，决定了小学数学课堂教学应该是一个环环相扣、循序渐进的过程。小结是在一个教学活动任务结束之际，教师引导学生进行归纳、概括，除了使学生获得本任务的知识点之外，还激发学生新的求知欲，为下一步学习做好充分的心理准备。总结是在整堂课的教学活动接近尾声时，教师引导学生对整节课的知识进行系统梳理、归纳，并对后续学习设置悬念，让学生意犹未尽。这样的小结和总结，可以起到承上启下、承前启后和拓展延伸的作用。

二、小结与总结的原则

（一）及时性

小结与总结的主要功能之一是促进理解和记忆。心理学的"近因效应"表明，人们对事物末尾部分的记忆效果优于中间部分。心理学家艾宾浩斯的"遗忘曲线"表明，遗忘是有规律的，遵循"先快后慢"的原则。因此，在一项教学活动或一节课即将结束时，教师只有及时引导学生进行小结或总结，才能有效地增强学生记忆、加深学生理解。

（二）简洁性

拖泥带水、面面俱到而又面面不到的小结或总结令人生厌，会增加记忆负担，结果适得其反。相反，简洁明了、提纲挈领、重点突出、切中要害的小结或总结会令学生心服口服，减轻记忆负担，使学生乐此不疲，提高学习效果。

（三）多样性

多样性是指小结或总结的形式要灵活多样。不同的课型采用不同的总结方式，或同一节课中的不同环节中采用形式多样的小结方式，给学生以新奇感，激发学生的学习兴趣。

三、小结与总结的类型

（一）归纳型

归纳型小结或总结是当一个相对独立的教学活动或一节课接近尾声时，就主要知识、技能、数学思想方法、数学活动经验等进行梳理和概括的一种小结或总结的方式。这种小结或总结可以由教师归纳，也可以由学生自己归纳。根据课型、教学内容、学生情况以及教师的教学风格，归纳型小结或总结主要有以下几种不同的方式。

1. 梳理式

梳理式是指将一节课或一个教学活动任务中蕴含的知识系统梳理出来。这种方式可以让学生对数学知识有一个系统性的整体认识，增强学生的记忆，便于学生厘清知识的层次结构，对提高学生的归纳、概括能力有帮助。例如，"中位数"一课的结束，可以梳理为"中位数是单数排序的中间数，双数排序中间两数的平均数"。

2. 口诀式

口诀式是指将一个教学活动或一节课的数学知识归纳成朗朗上口的口诀，既生动有趣，又便于学生记忆，提高学生识记效果。例如，教授"正比例、反比例"，可以用口诀："相关量，找对象，积定反，商定正。"口诀式归纳法简洁、新颖，学生易学易记，也乐学乐记。

3. 表格式

表格式是指利用表格归纳比较本节课的知识点或者本节知识与以前学习的知识之间的联系与区别。例如，教授"线段、射线与直线"，可以利用表格归纳出它们的联系和区别。表格式比较简单明了。通过比较鉴别，学生能够明确概念的内涵和外延，促进知识的正迁移，有利于知识的结构化和系统化。

（二）交流型

交流型是指一个教学活动或一节课接近尾声时，教师组织和引导学生就本环节或本节课的收获、体会、反思、思考等，与班上同学交流、切磋，从而获得共识或升华认识的一种小结或总结方式。交流型小结或总结可以充分发挥教师主导作用，体现学生的主体地位。交流的内容包括在本环节或本课中学会了哪些知识，参与了哪些有意义的数学活动，领悟了哪些数学思想方法等。交流型小结或总结主要有如下两种方式。

1. 结构化交流

教师依据本环节教学目标或本节课教学目标，有计划、有目的地设计一份结构化的问题，组织学生以小组为单位围绕这些问题进行交流、展示，最后教师整理。在结构化交流中，教师给出一份结构化的问题，如在知识、方法和思想上的收获，学习的困惑和反思，要求学生围绕这些问题开展交流与分享，教师点评或拓展，最后教师呈现自己的看法，与学生分享相对完整的收获。

2. 非结构化交流

非结构化交流就是教师依据环节目标或教学目标设计一系列的提问，引导学生回答，根据学生回答情况进行点评。例如，在结课时，教师可以提出如下的一系列问题：通过这节课的学习，你的收获是什么？你有什么话要对自己说？有什么话要对同学说？有什么话要对老师说？非结构化交流获取的信息是多样的，分享的内容是多元的，有利于培养学生的发散思维能力。

（三）拓展型

拓展型是在一个相对独立的教学活动或一节课即将结束时，教师将这一环节或这一节课的知识点进一步拓展，延伸至后续的学习活动或生活中。数学知识并不是孤立存在的，数学知识与学科内部知识、与其他学科知识、与生产生活密切联系。拓展型小结或总结，可以使学生感受数学的逻辑性、系统性，还能使学生体会数学的广泛应用性。

1. 悬念式

一节课的结束，并不意味着学习内容和学生思维的终结。好的总结，可以激起学生欲罢不能的求知欲，收到意想不到的效果。因此，在总结时，教师可以巧设悬念，提出一些富有启发性、趣味性的问题，故意"留白"，不给予解答，留给学生课后去思考、讨论和切磋，从而激发学生的探究欲望。

例如，"认识三角形"一课结束时，教师创设悬念式问题情境："同学们，通过这节课的学习，我们知道了三角形是由三条线段围成的封闭图形。现在老师要出一道题考考大家，是不是任意的三条线段都能够围成三角形呢？"这时，同学们议论纷纷，跃跃欲试。教师乘势说："这个问题留给大家课后继续思考。"

2. 铺垫式

铺垫式是在结课时，采用任务驱动或问题驱动的方式对本节课的知识做适当引申，为后续学习做好铺垫。

例如，教授"圆的认识"时，除了总结本节课知识之外，教师还可以提出一个铺垫式的任务："课后，请同学们三人一小组，画几个大小不同的圆，量一量，你能发现圆的周长和直径的比有什么规律吗？"以这种任务驱动的铺垫方式结课，可以为下一节课的学习埋下"伏笔"。

3. 延伸式

在课堂结尾时，把本节课知识向其他学科、生产生活等方面延伸拓展，让学生体会数学知识与其他学科知识之间、数学知识与生产生活之间的联系，感受数学的应用价值。

例如，在"长方体和正方体的认识"一课结尾时，教师引导学生回顾了长方体和正方体的特征之后，教师拿出了一个礼品盒，说："同学们想一想，包装这个礼品盒，至少需要多少平方分米的包装纸？至少需要多少分米的丝带？课后，如果你算对了，就可以领到礼物。"

一般来说，运用拓展型小结或总结，应注意以下几点：其一，根据学生的认知特点，把握好拓展性问题或任务的难度，达到让学生"跳一跳，摘桃子"的效果。其二，根据本节课的教学内容，选择与学生现实生活联系紧密的知识延伸拓展。其三，及时检查完成任务的情况，获取反馈信息，提高学生完成任务的积极性和主动性。

第四节 小学数学教学的板书技能

板书是教师以传统的黑板或现代电教媒介为载体，运用文字、符号、图形、图表等呈现教学主要内容的一种教学技能。板书是数学课堂教学的一个不可或缺的环节。

一、小学数学教学板书的功能

（一）凸显重点

板书内容是一节课的主要内容，是这节课的知识要点、主要的思想方法或主要例题、习题等。教师通常按教学逻辑将这些内容依次呈现在黑板上。好的板书有利于学生抓住本节课的学习重点，化解学习难点，提高学习效率。

（二）引发关注

心理学研究表明，动态刺激比静态刺激更能吸引学生的注意力。板书过程是一个动态过程，学生的思维、注意力会紧跟教师的板书走。并且板书需要使用文字、符号、图形、图表等表现形式，还会适当采用各种色彩以突出重点、难点、关键点等。这些表现手段可以吸引学生的注意力，避免由于单调的听觉刺激导致疲倦而分散注意力。

（三）启迪思维

富有艺术性的板书，教师能用文字、符号、图形、图表等，清晰地勾勒出本节课的知识结构框架或将一道题的求解过程条理清晰地呈现给学生，可以启迪学生思维，促使学生积极主动地学习。

二、小学数学教学板书的原则

（一）科学性

板书的内容要具有科学性，要术语准确，图形规范，版面布局合理、条理清晰、层次分明。

（二）简洁性

板书内容要简洁明了，提纲挈领，重点突出，详略得当，一目了然；而不能冗长烦琐，不得要领。

（三）艺术性

板书设计在符合科学性的前提下，可以形式多样，色彩要运用得当，构图要巧妙，造型要美观、别致，富有启发性和创造性，符合审美原理，富有艺术感。

三、小学数学教学板书的类型

板书设计的类型是多种多样的。按板书的地位可以分为主板书、附板书。主板书反映本节课的主要概念、命题、方法等主要的数学知识与思想方法，反映本节课的重要例题、重要图形、图表等内容。附板书则是呈现本节课复习内容，以及新课展开过程中的一些次要的演算、图式等，是对主板书的一种补充和说明。一般来说，主板书内容保留到下课，而附板书内容可随写随擦。按照板书的呈现形式可以分为归纳型、提纲型、表格型和网络型。

（一）归纳型

归纳型是教师用简练的语言或数学术语、符号、图形等将教材的相关知识点进行概括归纳的一种板书方式。归纳型板书设计需要教师对各册教材或一册教材的各个章节、单元进行深入细致的研究，弄清教材的编排特点，厘清相关知识的前后联系，并且具有较强的抽象概括能力。

（二）提纲型

提纲型是教师将教学内容按一定的逻辑顺序提纲挈领地进行板书的一种方式。提纲型板书设计简明扼要、层次分明、结构清晰，有助于学生抓住本节课的学习要领，有利于培养学生的抽象概括能力。

（三）表格型

学生对一些相近的数学概念理解起来比较困难，容易发生混淆。用列表格的方式比较辨别，有助于学生了解概念的区别和联系，明确概念的内涵和外延。

（四）网络型

网络图借助图像直观的特点，可以比较好地展现各要素之间的联系。在数学教学中，教师可以设计网络图形式的板书，为学生构建数学知识与方法的认知网络结构，以便于学生理解和掌握数学知识点之间的关系和方法之间的联系。

小学数学板书类型多种多样，可以是某一种类型的独立运用，也可以根据教材内容，多种类型综合运用。总之，板书设计是为教学服务的，是为学生理解掌握知识服务的，只要能达到好的教学效果，选择和利用哪一种板书设计都是可以的。

第五节　小学数学教学的说课技能

一、小学数学教学说课的含义

说课就是教师以教育教学理论为指导，在精心备课的基础上，对领导、同行、专家或评委述说某一节课的教学设计的一种教学研究形式。简单而言，说课就是说清教什么、怎么教以及为什么这样教。教什么，即本节课的教学内容；怎么教，即本节课如何设计教与学的活动；为什么这样教，即如此设计的理论依据和实践依据。所谓理论依据，就是教育教学、学习心理学和人格心理学的基本理论；实践依据，就是自身或他人的关于本节课的先前经验。

（一）说课与上课关系

说课与上课既有相同点，又有不同之处。其相同点在于，两者都是围绕着同一个教学课题；都可以展示教师的课堂教学操作艺术；都能反映教学语言、教学板书等教学基本功。其不同处在于，第一，目的不同。上课的目的是将书本知识转化为学生知识，进而促进学生的发展；说课的目的是向听者介绍一节课的教学设想，使听者听懂。第二，内容不同。上课的主要内容在于教哪些知识，怎么教；说课不仅要讲清上述主要内容，而且要讲清为什么这样教。第三，对象不同。上课的对象是学生，说课的对象是领导、同行、专家或评委。第四，形式不同。上课是教师与学生的双向活动，说课是教师自己的单向活动。

（二）说课与备课的关系

相同之处在于，都是围绕所授教学内容而展开的；都要课程标准，吃透教材，了解学生，选择教法，设计教学过程。不同之处在于以下几点。

①说课是集体备课的一种重要形式，是有目的、有计划、有准备的教研活动（动态的）；备课是上课前的准备工作，是教学工作的重要环节（静态的）。

②说课是面向同行的，备课是面向学生的。

③说课是教师集体进行备课活动，说课时使用明显的外部语言，简单清晰、合乎逻辑地叙述；备课是教师的个体活动，使用的是隐性的、内部的及书面的语言。

④说课要求用教育理论指导教学实践，不仅要说怎么教，还要说出为什么这样教；备

课着重研究解决课堂教学中的"教什么、怎样教"等教学内容及实施技术问题。

二、小学数学教学说课的类型

目前，小学数学的说课主要有以下几种类型。

（一）课前说课

课前说课，就是教师在认真研读教材、领会编写意图、分析教学资源、初步完成教学活动设计的基础上的一种说课形式。通过课前说课，可以借助集体的智慧来预测课堂教学的实际效果，最终达到改进和优化教学设计的目的。

（二）课后说课

课后说课，就是教师按照既定的教学设计进行上课，并在上课后向所有听课教师阐述自己教学得失的一种说课形式。它是建立在教师个体教学活动基础上的一种集体反思与研讨的活动，为进一步改进和优化教学设计提供了一种可能，因而，课后说课也是一种反思性和验证性说课活动。

（三）评比型说课

评比型说课，就是把说课作为教师教学业务评比的内容或一个项目，对教师运用教育教学理论的能力、理解课程标准和教材的实际水平、教学流程设计的科学性和合理性等做出客观公正的评判的活动。它既是发现和遴选优秀教师的一种评比方法，也是带动教师队伍建设、促进教师专业发展的有效途径。

（四）主题型说课

主题型说课，就是以教育教学工作中遇到的重点、难点或热点问题为主题，引导教师在一段时间实践和探索的基础上，用说课的方式向同行、专家汇报其研究成果的教学研究活动。主题型说课是一种更深入的问题研究活动，它更有助于教学重点、难点或热点问题的解决。

（五）示范型说课

示范型说课，一般是在以优秀教师为代表向听课教师做示范说课的基础上，请该教师按照其说课内容上课，然后再组织教师进行评议的教学研究活动。通过这种研究活动，听课教师可以从听说课、看上课、参评课中增长见识、开阔视野。

三、小学数学教学说课的准备

（一）知识准备

1. 课程标准

课程标准是指导学科教学的纲领，教材是根据课程标准编写的。说课前，教师要熟悉课程标准，掌握课程标准所规定的教学任务、教学目标，离开课程标准的具体要求，说课就会迷失方向。

2. 钻研教材

面对专家，内容的解读要适当加深，保持深度的同时，不要增加难度。

3. 阅读其他教学参考书

要把握一堂课，只靠个人的智慧还是不够的，作为教师，应有意识地查找教学参考书籍和网络资源，研究其他教师在处理这节课过程中的策略，根据自己的情况采取有效的策略，做到融会综合，荟萃精华。

（二）理论准备

说课的理论因素很浓，教师没有一定的理论水平，很难说好课。说课一定要在理论指导下去研究教学内容的分析、过程的设计和教学方法的运用。否则说课就没有深度，就是无源之水；没有高低，就是无本之木。

（三）技术准备

1. 明确说课的内容和要求

要想说好课，首先明确说课要说什么，从几个方面展开说课。说课教师不但要说出是如何操作的，而且还要说清这样做的理论依据，使听者知其然，又能知其所以然，达到理论与实践的有机结合。

2. 掌握说课的技巧

①加强说的功夫。要注重语气、语量、语调、语速和语感，要进入角色，脱稿说课不能用背诵的语调，要用说或者讲的语气，设计意图则用说明性语气，二者要有区别；要注意教师所处的位置，要和讲课相同，板书和演示等操作活动要自然和谐、落落大方。

②对说课的内容要分清主次。教师在说课时对说课的各方面内容不能平均使用精力，不能眉毛胡子一把抓，要分清主次，只要说清是什么和为什么即可。应把主要精力放在说教学程序上，这是重头戏。

③准备好说课所需的教具。

（四）反复试讲，总结优点和缺点

在一定范围内进行演练，提前模拟进入角色，在不断的试讲中及时发现存在的问题，及时纠正。

（五）形象和心理准备

①做好心理准备，树立信心，鼓足勇气，尽快进入角色。

②注意给人留下好的第一印象。

③注意听众的心理，加强自我调节。

四、小学数学教学说课的主要内容

（一）说教材

1. 教材的地位与作用

一般来说，小学数学课是单节单上。小学数学说课内容就是说一节课 40 分钟所要讲授的内容。在认真钻研《义务教育数学课程标准（2022 年版）》，明确教材的编排意图、编排特点的基础上，阐述本节课内容在小学阶段、本学段、本年级和本单元中所处的地位、作用和意义。说出本节课的主要内容、知识点，课程标准对本节课的要求等。

2. 教学目标

根据《义务教育数学课程标准（2022 年版）》中提出的总目标、学段目标，依据教材内容以及学生的基础知识、基本活动经验、思维特点等，阐述本节课的教学目标以及确定的依据。按照课程标准的要求，教学目标一般应包括知识技能、数学思考、问题解决和情感态度四个目标。

3. 教学重点、难点

阐述本节课的教学重点、难点，以及确定重点、难点的理论依据和实践依据。所谓教学重点，就是本节课的主要内容，在本节课中起着贯穿前后作用的知识点。所谓教学难点，就是学生学习过程中难以理解、容易与其他知识发生混淆，容易理解错误的知识点。

(二) 说学情

说学情，就是说清学生情况。具体地说，要说清学生的年龄特征，剖析学生的认知发展水平以及已有的数学基础知识、生活经验、活动经验。学情是学生探究新知的基础，是教师进行教学设计的逻辑起点和现实起点。学情分析要在实证的基础上进行，要具体、可靠、可信、有说服力。

(三) 说教法与学法

1. 说教法

说教法就是说本节课的教学目标、内容特点、学生情况和学校的教学条件，选择采用哪些教学方法以及选择这些教学方法的理论依据和实践依据。"教无定法，但求得法"，教学方法的选择和采用是为了实现教学效益的最大化。说教法要注意多种教学方法的有机结合，坚持一法为主，多法为辅。努力体现课程标准所提出的"面向全体学生，注重启发式和因材施教"的课程理念。

2. 说学法

说学法，是说教师指导学生采用的学习方法以及选择这些学习方法的理论依据。学生应当有足够的时间和空间经历观察、实验、猜测、计算、推理、验证等活动过程。学法指导应达到调动学生学习积极性、鼓励学生进行创造性思维、养成良好学习习惯的效果。

(四) 说教具与学具

说教具与学具，就是说清本节课教师使用哪些教具，学生使用哪些学具以及使用这些教具或学具的依据。

(五) 说教学程序

说教学程序，就是介绍教学过程设计，这是说课的重点部分。通过这一过程的分析，了解说课者独具匠心的教学安排，体会教师的教学思想、教学个性与风格，辨析教学安排是否合理、科学和艺术。

1. 说教学思路的设计及其依据

教学思路主要包括各教学环节的顺序安排及师生双边活动的安排。教学思路要层次分明，富有启发性，能体现教师的主导作用和学生的主体作用。还要说明教学思路设计的理论依据。

2. 说教学重点、难点的处理

有重点地说明突出教学重点、突破教学难点的基本策略。也就是要从知识结构、教学要素的优化、习题的选择和思维训练、教学方法和教学媒体的选用、反馈信息的处理和强化等方面去说明突出重点的步骤、方法和形式。

3. 说各教学环节的时间分配

说出各个教学环节时间安排以及这样安排的依据。特别要说明一节课里的最佳时间（20~25 分钟）和黄金时间（15 分钟）是怎样充分利用的。

（六）说板书设计

说板书设计，要说清版面如何布局，板书的主要内容以及对板书的整体规划效果进行评价。

需要说明的是并不是每一个说课都要包含上述内容。而应该根据具体情况，有选择性、有针对性地选择说课内容，说出教育理念、教学过程、教学评价等。在必要的时候，还要对说课的基本环节进行整合，说出执教者的教学风格与特色。

五、说课中要注意的几个问题

说课是在没有学生配合的情况下，一切靠自己完成，这需要教师具有自信心、稳定力、应变力。只有消除心理紧张情绪，说课时才能从容自如。要做到以下几个方面的要求。

（一）说课要有层次感

说课不要面面俱到，应把主要力量放在说教学程序上，这是重头戏。我们要说的都是一些教学预案，所以要多谈谈学生学习中可能碰到的困难和教师的教学策略。比如，在重难点处理上，设计哪些问题；如果第一套方案不行，第二套方案是怎样安排的；在练习中安排了哪些练习，这些练习有没有体现出层次性；等等。

（二）说课语言要生动

说课有不同的类型、不同的目的，却都要用语言表述。要动口，就要加强说的训练，要有说的功夫。要注重语气、语量、语调、语速和语感，恰当地运用独白语言和教学语言。

1. 独白语言

说课时大部分用的是这种语言，切忌自始至终一个腔调地念稿或背讲稿，要用足够的音量，使在场的每个人都听得清清楚楚。速度要适当，语调的轻重缓急要恰如其分，让听者从你的抑扬顿挫、高低升降中体会出说课内容的变化来。具体地说，教材分析要简明，理论根据要充分，教学方法和学习方法要说清楚，教学目标要分条款一一叙述，重点、难点则用重音来强调。

2. 教学语言

因为说课不仅要说"教什么"，还要说"怎样教"。说"怎样教"实际上就是要说出你准备怎样上课，只不过不是单纯地将课堂上一问一答那么详细地显露出来，但是也要让听者知道你的教学设想和具体步骤。有问有讲，有读有说，用自己的语言变化将听者带入你的课堂教学中去，如设计的课堂导语、课堂总结语、阐释和提问语都应运用教学语言，使听者未进课堂却仿佛看到了你上课的影子，推测出你的课堂教学效果。

（三）恰当地使用视觉材料

并不是说课者在形成了说课的思维模式之后，他的说课就一定会精彩。有时光靠说课者单调地说，听者处于被动接收信息的状态，难免会"走神"。要抓住听者的注意力，调动听者的兴趣，刺激听者留下深刻的印象，可灵活采用视觉材料恰当地组合在说课的主体中，以使说课呈现生动、精彩的局面。所以，在说课前还要设计出使用视觉材料的时间、手段。例如，将板书、投影仪、演示、实验、特制的复合投影片，不同颜色的图片、图表、直观教具，实物或实物图的展示，多媒体，等等，恰当地组合在说课中，可促进听者思维，诱发听者的参与意识，使之随着说者的思路去理解说课的内容，从而取得最佳的说课效果。

总之，只有有了这样准备充分的说课，才能使你的说课既具有科学性、逻辑性，又具有说服力和感染力，充实、深刻、熟练、生动，给听者留下深刻的印象。

第六章　小学数学教学实践

第一节　小学数学数与代数教学

一、小学数学概念教学概述

（一）小学数学概念

1. 数学概念

数学概念，是客观现实中的数量关系和空间形式的本质属性在人脑中的反映。数学的研究对象是客观事物的数量关系和空间形式。在数学中，客观事物的颜色、材料、气味等方面的属性都被看作非本质属性而被舍弃，只保留它们在形状、大小、位置及数量关系等方面的共同属性。在数学科学中，数学概念的含义都要给出精确的规定，因而数学概念比一般概念更准确。

小学数学中有很多概念，包括数的概念、运算的概念、量与计量的概念、几何形体的概念、比和比例的概念、方程的概念，以及统计初步知识的有关概念等。这些概念是构成小学数学基础知识的重要内容，它们是互相联系着的。只有明确牢固地掌握数的概念，才能理解运算概念，而运算概念的掌握，又能促进数的整体性概念的形成。

2. 小学数学概念的表现形式

在小学数学教材中的概念，根据小学生的接受能力，表现形式各不相同，其中定义式和描述式是最主要的两种表述方式。

（1）定义式

定义式是用简明而完整的语言揭示概念的内涵或外延的方法，具体的做法是用原有的概念说明要定义的新概念。这些定义式的概念抓住了一类事物的本质特征，揭示的是一类事物的本质属性。这样的概念，是在对大量的探究材料的分析、综合、比较和分类中，使之从直观到表象、继而上升为理性的认识。比如"有两条边相等的三角形叫等腰三角形""含有未知数的等式叫方程"，等等。这样定义的概念，条件和结论十分明显，便于学生一下子抓住数学概念的本质。

（2）描述式

用一些生动、具体的语言对概念进行描述，叫作描述式。这种方法与定义式不同，描述式概念，一般借助于学生通过感知所建立的表象，选取有代表性的特例作参照物而建立。

一般来说，在数学教材中，小学低年级的概念采用描述式较多，随着小学生思维能力的逐步发展，中年级逐步采用定义式，不过有些定义只是初步的，是有待发展的。在整个小学阶段，由于数学概念的抽象性与学生思维的形象性的矛盾，大部分概念没有下严格的定义，而是从学生所了解的实际事例或已有的知识经验出发，尽可能通过直观的具体形象，帮助学生认识概念的本质属性。对于不容易理解的概念就暂不给出定义或者采用分阶段逐步渗透的办法来解决。因此，小学数学概念呈现出两大特点：一是数学概念的直观性；二是数学概念的阶段性。在进行数学概念教学时，我们必须注意充分领会教材的这两个特点。

（二）小学数学概念教学的意义

首先，数学概念是数学基础知识的重要组成部分。

小学数学的基础知识包括概念、定律、性质、法则、公式等，其中数学概念不仅是数学基础知识的重要组成部分，而且是学习其他数学知识的基础。学生掌握基础知识的过程，实际上就是掌握概念并运用概念进行判断、推理的过程。数学中的法则都是建立在一系列概念的基础上的。事实证明，如果学生有了正确、清晰、完整的数学概念，就有助于掌握基础知识，提高运算和解题技能。相反，如果一个学生概念不清，就无法掌握定律、法则和公式。

其次，数学概念是发展思维、培养数学能力的基础。

概念是思维形式之一，也是判断和推理的起点，所以概念教学对培养学生的思维能力能起重要作用，没有正确的概念，就不可能有正确的判断和推理，更谈不上逻辑思维能力的培养。

在概念教学过程中，为了使学生顺利地获取有关概念，常常要提供丰富的感性材料让学生观察，在观察的基础上通过教师的启发引导，对感性材料进行比较、分析和综合，最后再抽象概括出概念的本质属性。通过一系列的判断、推理使概念得到巩固和运用，从而使学生的初步逻辑思维能力逐步得到提高。

（三）小学数学概念的基本特点

小学数学概念包括数和数学的关系性质的概念、运算的概念、几何形体和形体关系的概念、量和计量的概念、统计图表的概念等。严格来说，小学数学中的每一部分学习内容都离不开概念。无论是一幅画、一个数字、一个符号、一段情境，还是一个问题，都有着数学概念。

这些概念是学生构建数学知识的基础，是学生进行数学思维的细胞，是学生能正确进行计算的前提，是学生解决数学问题的基本要素。虽然它们也是数学概念的一部分，但它们与纯粹的数学概念并不完全相同。具体来看，小学数学概念学习通常具有以下一些特征。

1. 在组织上的特征

小学数学概念在组织上具有系统性的特征，这是由数学自身结构的精确性所决定的。例如，儿童首先是通过直观的方式形成一些数的概念，在此基础上，再通过直观的方式形成有关数的运算的概念，随后，才逐渐将学习扩大到有关数与数学之间的关系概念上。但是，由于儿童年龄上的局限，小学数学概念在组织上还呈现出阶段性的特征。例如，在学习分数的概念时，应先组织学生学习"分数的初步认识"，帮助学生构建有关分数的表象，然后再通过学生进一步的学习，帮助学生真正获得有关分数的概念。

2. 在获得上的特征

心理学家的大量研究表明，儿童，尤其是年龄稍小的儿童，往往只能建构一级概念，对于形成和掌握大量的二级概念还有一定的困难。因为儿童的心理运算常常是一种"没有充分形式化的、与具体材料相关联的运算"。而儿童的数学学习往往就是他们现实生活的"数学化"过程，他们通常是从自己的经验出发去认识并掌握数学概念的。在小学数学的学习中，往往都是通过大量的直观材料，在引导学生进行充分的操作、观察、分类等感知活动的基础上构建数学概念。

3. 在呈现上的特征

在数学科学的概念体系中，是以数学符号或数学表达式为主，以命题（定义）的形式予以呈现的。与一般的数学科学的概念不同，在小学数学学科中，更多的是以图或语言文字为主，以描述的方式予以呈现的。

（四）儿童形成数学概念的过程

儿童形成数学概念是一种特殊的认识过程，要进行多种复杂的心理活动，其基本特征是一个通过"内化"达到"守恒"的过程。所谓"内化"，是指外部的动作向内部智力活动转化的过程。所谓"守恒"，是指能确切理解概念的"内涵"，牢固地掌握概念所反映的事物的本质属性，并能根据概念的内涵去辨认、去确定适合概念的外延。

1. 儿童形成数学概念的主要途径

数学概念的学习过程就是对同类对象的本质属性与非本质属性不断地加以区分，并将其本质属性抽取出来的过程。研究认为，儿童的数学概念的形成主要依靠"概念形成"（concept formation）和"概念同化"（concept assimilation）这两种基本的途径。

（1）概念形成

简单地说，概念形成就是学习者从大量同类事物的不同例证中独立地发现并形成数学概念的过程。它是一种数学认知结构的顺应过程，即将已有经验有选择地运用到异类情境中去，使已有的经验对当前的学习发生影响，并使原有经验获得改造，构成一个新的认知结构的过程。它是儿童学习数学概念的主要途径。通常，儿童概念形成的主要过程包括以下五个阶段。

第一，感知具体对象阶段。

在这个阶段，儿童面对的是大量的具体事例，这些具体事例可能是来自儿童日常生活中的经验或事实，或来自教师设计的典型材料。儿童的任务就是要对这些丰富的具体事例进行充分的感知活动（观察、操作、体验等），以增加对这些同类对象的感性认识。

第二，尝试建立表象阶段。

在这个阶段，儿童通过自己大量的感知活动，已经对对象有了一个初步的整体性的认识，已经对对象的基本属性有了一个大致的印象。但在这个阶段，儿童所形成的这种认识往往还包含着对象的非本质属性。

第三，抽象本质属性阶段。

在这个阶段，儿童进一步通过比较、分析、综合、归纳等思维活动，复合表象，将某类对象的本质属性抽取出来（抽象），构成同类对象的关键特征。

第四，符号表征阶段。

在这个阶段，儿童在对同类对象属性的关键特征有了基本认识之后，就开始尝试用语言或符号对这类对象进行表征特征的概括，从而获得概念。

第五，概念的运用阶段。

在这个阶段，儿童需要将获得的新概念的意义推广到其他的同类对象中去。这种推广既是一个概念运用的过程，又是一个进一步理解概念和修正概念的过程。

（2）概念同化

简单地说，概念同化就是将概念用定义的方式直接呈现给学习者，而学习者利用认知结构中有关的概念来理解并形成新的概念的过程。它是一种数学认知结构的同化过程，即将原有经验运用到同类情境中去，从而将新事物纳入已有的经验系统的过程。通过同化途径形成概念的学习有三种不同的方式。

第一，下位学习（subordinate learning）。

它反映的是利用习得概念之间的类属关系获得的概念学习过程。即当原有认知结构中的相关概念是新学习的概念的属概念时，新学习的概念就会被纳入原有概念之中，这就构成了下位学习。

第二，上位学习（superordinate learning）。

就是指当新学习的概念是原有认知结构中的相关概念的上位概念时，学习者通过进一步的抽象，使原有概念纳入新概念的过程，这就构成了上位学习。这种概念学习方式在小学数学教学中很常见。

第三，并列学习（combinatorial learning）。

就是指新学习的概念与原有认知结构中的相关概念既不形成类属关系，又不形成总括关系，但它们之间在学习过程中却又能形成新的意义，这样的概念学习过程就叫作并列学习。

通常，小学生概念同化的主要过程如下所述。

第一，唤起认知结构中的相关概念。

在这个阶段，就是要通过各种方式（回忆、复述、练习等）帮助学生唤起与新学习的概念相关的原有概念。

第二，通过进一步抽象形成新概念。

在这个阶段，教师引导学生（往往也会给予一定的直观支持）通过对原有概念的进一步抽象形成新的概念。有时，可以通过强抽象的方式构成概念的下位学习。例如，"梯形"的概念就可以通过对"四边形"概念的强抽象的方式获得。有时，也可以通过弱抽象的方式构成概念的上位学习。例如，"平行四边形"的概念就可以通过对"长方形""正方形"等概念的弱抽象的方式获得。

第三，分离新概念的关键属性。

在这个阶段，学生要通过进一步的比较、分析，将新概念关键的本质属性分离出来，在概括的基础上真正获得新的数学概念。

无论是概念形成，还是概念同化，都需要内部与外部两方面的条件。内部条件是学生积极地对概念的正反例证进行辨别，外部条件是教师必须对学生提出的概念的本质属性的假设作出肯定或否定的反应。学生就是通过从外界肯定或否定的反应中获得反馈信息，并不断地进行选择，从而概括出概念的本质属性的。概念同化的内部条件是学生具备有意义学习的意向和相应的认识结构，外部条件是新学习的概念必须与学生原有认知结构中的某些概念或表象有密切的联系。

2. 儿童学习概念的基本过程

对儿童来说，获得数学概念大致都要经历一个"感知—表象—概念"的过程。首先，儿童面对大量直观材料，通过感觉接收器（sensory receptors），进入感知兴奋状态，通过多次的观察、比较、体验，由感知运动阶段进入表象形成阶段，再经过分析、综合，获得符号性表象（symbolic representation），再经过抽象、概括，进入形成概念阶段。

（1）感知阶段

这是儿童获得数学概念的一个重要阶段。在这个阶段，他们通过对对象的直接感知，将对象的各种属性在头脑中进行反复的比较和分析，逐渐趋近于整体认识对象。

（2）表象阶段

这是儿童从直观对象到抽象概念的一个中间桥梁。在这个阶段，儿童要通过自己的反复综合与分析，对对象的各种特征（外表的和属性的）以及各种属性（本质的或非本质的）在自己的头脑中形成一个整体的印象。

（3）概念阶段

这是儿童最终获得概念的阶段。在这个阶段，儿童要通过不断的抽象和概括，将对象的本质属性从各种属性中抽取出来，最终形成对对象的本质认识。

3. 儿童获得概念能力发展的基本特点

儿童学习数学的过程与成人学习数学的过程是有区别的，与数学家学习数学的过程更是有本质的差异。儿童因其经验、认知、能力以及情感等方面的特征，在学习数学概念时有自身的一些基本特点。

（1）从以获得一级概念为主发展到有能力获得二级概念

对低年段的儿童来说，他们往往还不能通过严密的逻辑思维活动直接形成数学概念，主要还是依靠"行为性概念"来获得一些数学概念。例如，对"加法"的认识，他们主要还是通过经验以及多次的"相加"的行为操作来体验其本质意义。同时，这个阶段的儿童往往还不能精确地表述已获得的数学概念，这是由于他们的思维水平还处于以直观形象为主的阶段。到了较高年段，随着学习的深入，儿童的思维水平逐渐过渡到以抽象思维为主，这样就有可能通过某些严密的逻辑思维活动，从已有的认知出发来构建新的数学概念。同时，高年段的儿童已经有可能运用较为精确的语言或抽象的符号来表述已获得的数学概念。

（2）概念的获得从以"概念形成"为主逐渐发展到以"概念同化"为主

对低年段的儿童来说，常需要大量的生活经验和"现实数学"来支持他们获得数学概念。因此，"概念形成"就成了他们获得概念的主要途径。在这个阶段，儿童充分地具体感知和不断地构建表象是他们形成概念的两个不可缺少的环节。逐渐地，随着认知的发展，思维水平的提高，儿童可以逐渐摆脱对直观的依附，有了从考察对象的本质属性入手、通过进一步的分析与抽象等逻辑推理活动获得新的数学概念的可能。

（3）从认识概念的自身属性逐步发展到理解概念间的联系

低年段的儿童在构建一些数学概念时，主要还是将这些概念进行单个的考察，而对于概念间联系的建立明显不足，在学习中往往表现出概念的迁移水平较低。到了较高年段的儿童，已经开始有可能从概念间的属性特征去把握它们之间的联系，在学习中对数学概念的迁移水平也在逐步提高。

（4）数学概念的建立受经验的干扰逐渐减弱

低年段的儿童在建立数学概念时，对经验的依赖较大，因而常常容易受到经验的干扰。例如，在建立"垂直"概念时，就常常会受到"竖直"经验的干扰；对"角"的认识就常常会受到"尖尖的"或"钩子"等经验的干扰。到了较高年段，他们就开始从概念的本质属性出发去理解，经验的干扰程度就逐渐开始减弱。

（5）从数、形的分离发展到数、形的结合

儿童最初获得的主要是有关数和数量的概念。在这个阶段，对他们来说，数的概念与形的概念往往是分离的。随着儿童年龄的增长，认识能力的提高，以及进一步获得更为抽象概念的需要，他们开始有能力提高数与形的结合，并在此基础上学习概念。例如，在最初学习有关"数"的概念时，儿童用数轴上的"点"来解释"数"还是比较困难的。但是，到了稍高年段学习有理数时，他们已经能通过数轴帮助自己认识正数负数以及它们运算的意义了。再如，只有对较高年段的儿童来说，利用某些"线段图"来支持他们分析数量关系才有价值。

二、小学数学概念教学的过程

根据数学概念学习的心理过程及特征，数学概念的教学一般也分为三个阶段：①引入概念，使学生感知概念，形成表象；②通过分析、抽象和概括，使学生理解和明确概念；③通过例题、习题使学生巩固和应用概念。

（一）数学概念的引入

数学概念的引入，是数学概念教学的第一个环节，也是十分重要的环节。概念引入得当，就可以紧紧地围绕课题，充分地激发学生的兴趣和学习动机，为学生顺利地掌握概念起到奠基作用。

引出新概念的过程，是揭示概念的发生和形成过程，而各个数学概念的发生形成过程又不尽相同，有的是现实模型的直接反映；有的是在已有概念的基础上经过一次或多次抽象后得到的；有的是从数学理论发展的需要中产生的；有的是为解决实际问题的需要而产生的；有的是将思维对象理想化，经过推理而得到的；有的是从理论上的存在性或从数学对象的结构中构造产生的。因此，教学中必须根据各种概念的产生背景，结合学生的具体情况，适当地选取不同的方式引入概念。一般来说，数学概念的引入可以采用如下四种方法。

1. 以感性材料为基础引入新概念

用学生在日常生活中所接触到的事物或教材中的实际问题以及模型、图形、图表等作为感性材料，引导学生通过观察、分析、比较、归纳和概括去获取概念。例如，要学习"平行线"的概念，可以让学生辨认一些熟悉的实例，像铁轨、门框的上下两条边、黑板的上下边缘等，然后分化出各例的属性，从中找出共同的本质属性。铁轨的属性：是铁制的，可以看成是两条直线，在同一个平面内，两条边可以无限延长，永不相交等。同样可分析出门框和黑板上下边的属性。通过比较可以发现，它们的共同属性是：可以抽象地看成两条直线，两条直线在同一平面内，彼此间距离处处相等，两条直线没有公共点等，最后抽象出本质属性，从而得到平行线的定义。

以感性材料为基础引入新概念，是用概念形成的方式进行教学的，因此教学中应选择那些能充分显示被引入概念的特征性质的事例，正确引导学生进行观察和分析，这样才能使学生从事例中归纳和概括出共同的本质属性，形成概念。

2. 以新、旧概念之间的关系引入新概念

如果新、旧概念之间存在某种关系，如相容关系、不相容关系等，那么新概念就可以

充分地利用这种关系进行引入。

3. 以"问题"的形式引入新概念

以"问题"的形式引入新概念，这也是概念教学中常用的方法。一般来说，用"问题"引入概念的途径有两条：①从现实生活中的问题引入数学概念；②从数学问题或理论本身的发展需要引入概念。

4. 从概念的发生过程引入新概念

数学中有些概念是用发生式定义的，在进行这类概念的教学时，可以采用演示活动的直观教具或演示画图说明的方法去揭示事物的发生过程。例如，小数、分数等概念都可以这样引入。这种方法生动直观，体现了运动变化的观点和思想，同时，引入的过程又自然地、无可辩驳地阐明了这一概念的客观存在性。

（二）数学概念的形成

引入概念，仅是概念教学的第一步，要使学生获得概念，还必须引导学生准确地理解概念，明确概念的内涵与外延，正确表述概念的本质属性。为此，教学中可采用一些具有针对性的方法。

1. 对比与类比

对比概念，可以找出概念间的差异；类比概念，可以发现概念间的相同或相似之处。例如，学习"整除"概念时，可以与"除法"中的"除尽"概念进行对比，去比较发现两者的不同点。用对比或类比讲述新概念，一定要突出新、旧概念的差异，明确新概念的内涵，防止旧概念对学习新概念产生的负迁移作用的影响。

2. 恰当运用反例

概念教学中，除了从正面去揭示概念的内涵外，还应考虑运用适当的反例去突出概念的本质属性，尤其是让学生通过对比正例与反例的差异，对自己出现的错误进行反思，更利于强化学生对概念本质属性的理解。

用反例去突出概念的本质属性，实质是使学生明确概念的外延从而加深对概念内涵的理解。凡具有概念所反映的本质属性的对象必属于该概念的外延集，而反例的构造，就是让学生找出不属于概念外延集的对象，显然，这是概念教学中的一种重要手段。但必须注意，所选的反例应当恰当，防止过难、过偏，造成学生的注意力分散，而达不到突出概念本质属性的目的。

3. 合理运用变式

依靠感性材料理解概念，往往由于提供的感性材料具有片面性、局限性，或者感性材料的非本质属性具有较明显的突出特征，容易形成干扰的信息，而削弱学生对概念本质属性的正确理解。因此，在教学中应注意运用变式，从不同角度和不同方面反映和刻画概念的本质属性。一般来说，变式包括图形变式、式子变式、字母变式等。

（三）数学概念的巩固

为了使学生牢固地掌握所学的概念，还必须有概念的巩固和应用过程。教学中应注意如下两个方面。

1. 注意及时复习

概念的巩固是在对概念的理解和应用中完成和实现的，同时还必须及时复习，巩固离不开必要的复习。复习的方式可以是对个别概念进行复述，也可以通过解决问题去复习概念，而更多的则是在概念体系中去复习概念。当概念教学到一定阶段时，特别是在章末复习、期末复习和毕业总复习时，要重视对所学概念的整理和系统化，从纵向和横向找出各概念之间的关系，形成概念体系。

2. 重视应用

在概念教学中，既要引导学生由具体到抽象，形成概念；又要让学生由抽象到具体，运用概念。学生是否牢固地掌握了某个概念，不仅在于能否说出这个概念的名称和背诵概念的定义，而且还在于能否正确灵活地应用。通过应用可以加深理解，增强记忆，提高数学的应用意识。

概念的应用可分为简单应用和综合应用，在初步形成某一新概念后通过简单应用可以促进对新概念的理解，综合应用一般在学习了一系列概念后，把这些概念结合起来加以应用，这种练习可以培养学生综合运用知识的能力。

（四）数学概念的辨析

随着学习的深入，学生掌握的概念不断增多，有些概念的文字表述相同，有些概念内涵相近，使得学生容易产生混淆，如质数与互质数、整除与除尽、体积与容积等。因此在概念的巩固阶段，要注意组织学生运用对比的方法，弄清易混淆概念的区别和联系，以促使概念的精确分化。

数学概念是用词或词组来表达的，但有些词语受日常用语的影响，会给学生造成认识和理解上的错觉和障碍。例如，几何知识中的"高""底""腰"等概念，从字面上容易使学生产生"铅垂方向""下方""两侧"的错觉。"倒数"强化了分子与分母颠倒位置的直观认识，弱化了"两个倒数的乘积等于1"的本质属性。因此在教学时，要帮助学生分清一些词的日常意义和专门的数学意义，正确地理解表示概念的词语，从而准确地掌握概念。

（五）小学数学概念教学中应注意的问题

1. 把握概念教学的目标，处理好概念教学的发展性与阶段性之间的矛盾

概念本身有自己严密的逻辑体系。在一定条件下，一个概念的内涵和外延是固定不变的，这是概念的确定性。由于客观事物的不断发展和变化，同时也由于人们认识的不断深化，因此，作为人们反映客观事物本质属性的概念，也是在不断发展和变化的。但是，在小学阶段的概念教学，考虑到小学生的接受能力，往往是分阶段进行的。

因此，数学概念的系统性和发展性与概念教学的阶段性成了教学中需要解决的一对矛盾。解决这一矛盾的关键是要切实把握概念教学的阶段性目标。

为了加强概念教学，教师必须认真钻研教材，掌握小学数学概念的系统，摸清概念发展的脉络。概念是逐步发展的，而且诸概念之间是互相联系的。不同的概念具体要求会有所不同，即使同一概念在不同的学习阶段要求也有差别。

在把握阶段性目标时，应注意以下三点。

（1）在每一个教学阶段，概念都应该是确定的，这样才不至于造成概念混乱的现象。有些概念不严格下定义，但也要依据学生的接受能力，或者用描述代替定义，或者用比较通俗易懂的语言揭示概念的本质特征。同时注意与将来的严格定义不矛盾。

（2）当一个教学阶段完成以后，应根据具体情况，酌情指出概念是发展的、不断变化的。例如：有一位学生在认识了长方体之后，认为课本中的任何一张纸的形状也是长方体的。说明该学生对长方体的概念有了更进一步的理解，教师应加以肯定。

（3）当概念发展后，教师不但指出原来概念与发展后概念的联系与区别，以便学生掌握；而且还应引导学生对有关概念进行研究，注意其发展变化。例如，"倍"的概念，在整数范围内，通常所指的是，如果把甲量当作1份，而乙量有这样的几份，那么乙量就是甲量的几倍。在引入分数以后，"倍"的概念发展了，发展后的"倍"的概念，就包含了原来的"倍"的概念。如果把甲量当作1份，乙量也可以是甲量的几分之几。

因此，在数学概念教学中，要理清概念之间的顺序，了解概念之间的内在联系。数学

概念随着客观事物本身的发展变化和研究的深入不断地发展演变。学生对数学概念的认识，也需要随着数学学习的程度的提高，由浅入深，逐步深化。教学时，既要注意教学的阶段性，不能把后面的要求提到前面，超越学生的认识能力；又要注意教学的连续性，教前面的概念要留有余地，为后继教学埋下伏笔，从而处理好掌握概念的阶段性与连续性的关系。

2. 加强直观教学，处理好具体与抽象的矛盾

尽管教材中大部分概念没有下严格的定义，而是从学生所了解的实际事例或已有的知识经验出发，尽可能通过直观的具体形象，帮助学生认识概念的本质属性。对于不容易理解的概念，就暂不给出定义或者采用分阶段逐步渗透的办法来解决。但对于小学生来说，数学概念还是抽象的。他们形成数学概念，一般都要求有相应的感性经验为基础，而且要经历一番把感性材料在脑子里来回往复，从模糊到逐渐分明，从许多有一定联系的材料中，通过自己操作、思维活动逐步建立起事物一般的表象，分出事物的主要的本质特征或属性，这是形成概念的基础。因此，在教学中，必须加强直观教学，以解决数学概念抽象性与学生思维形象性之间的矛盾。

3. 遵循小学生学习概念的特点，组织合理有序的教学过程

尽管小学生获取概念有概念形成和概念同化这两种基本形式，各类概念的形成又各自的特点，但不管以何种方式获得概念，一般都会遵循"引入—理解—巩固—深化"这样的概念形成路径。

三、小学数学运算规则学习概述

数学运算规则是数学知识的重要组成部分。小学数学课程中的运算规则是小学生形成运算技能的重要前提。在小学数学学习内容中，存在着大量有关数的四则计算法则、运算定律与性质、计算公式等内容。这些内容既是现实世界数量关系和空间形式及其计算规律的概括与总结，又是有关计算过程具体实施细则的具体规定。在这里，我们把这些内容统称为数学运算规则，将学生对这些内容的学习称为数学运算规则的学习。

（一）小学数学运算规则学习的主要内容和特点

1. 小学数学运算规则学习的意义

（1）有利于形成学生的基本技能

运算规则学习的基本目的就是形成运算技能，提高数据信息的处理能力。首先，计算

作为一种工具性技能，是人们面对日常生活和生产所须臾不可离的，同时也是进一步学习数学或其他学科知识所必需的；其次，计算作为一种探究性能力，是人们面对复杂的生活问题和社会问题进行探索与解决所需要的，人的许多行为的选择、行为方案的提出，往往是要在对众多的数据信息进行某些分析后才能做出。因此，运算规则的学习和运算的训练，有助于发展学生这些基本的技能和能力。

（2）有利于发展学生的基本智能

首先，运算是一种心智技能和动作技能协作、外部操作和内部思维同步、形象感知和抽象思维统合的一种心理活动过程，是一个知识提取、技能运用和问题解决的协同过程，因此，运算规则的学习和训练有助于发展学生的基本智能。其次，不同的计算形式对学生智能发展的侧面也有所不同。例如，口算有助于发展学生思维的敏捷性，笔算有助于发展学生思维与运动的协调性，估算则有助于发展学生思维堵塞的反省性，等等。

2. 小学数学运算规则学习的主要内容

与运算有关的数学运算规则，统称运算规则，包括运算法则、运算性质和计算方法。

（1）运算法则

运算法则是关于运算方法和程序的规定，运算法则的理论依据称为算理。运算法则说的是怎样算，算理说的是为什么这样算。例如，两位数笔算加法运算法则：相同数位对齐，从个位加起，个位相加满十就向十位进一，规定了两位数竖式加法的写法、算法和计算的先后顺序。其中，"相同数位对齐""个位相加满十向十位进一"的理论依据是"记数的位值原则"，即不同位置上的数字计数单位不同；"相同单位的数字才能相加"。为什么要从个位加起，从十位加起可以吗？其实对于两位数不进位加法，从十位加起更简便。而对于两位数进位加法，若从十位加起，"进一"后需要十位上再加一，容易出现错误。为减少学生计算错误，才规定"从个位加起"。因此，"记数的位值原则"和"相同单位的数才能相加"是两位数加法的算理，而"从个位加起"只是一种人为规定。

在运算法则教学中，要摒弃那种只讲"法则"，不讲算理的错误做法。只有让学生深入理解算理，才能灵活运用计算法则，提高计算速度。

（2）运算性质

运算性质反映运算的规律性，根据其所起作用可分为三类。

第一类，改变参算的数的位置。如加法交换律、乘法对加法的分配律等。

第二类，参算的数的改变引起的运算结果的变化。例如，被减数增加一个数，减数不变，差也增加相同的数。

第三类，参算的数的改变不引起运算结果的变化。被除数同时扩大或缩小相同倍数，商不变，等等。

运算性质的学习不仅可以用来验算，而且还可以用来进行简便运算，同时还可以用来进行估算。运算性质的教学对于学生形成"验算意识""巧算意识""估算意识"，对于形成"算法多样化"和运算技能，对于发展学生思维的灵活性、敏捷性，都有重要的作用和意义。更重要的是，运算性质学习过程的本身就是一个归纳、抽象、推理等的逻辑思维的过程。

（3）计算方法

计算方法是指利用四则运算求某种量，或者两种量换算的具体方法，通常被称为常规方法。计算方法是客观事物的数学关系的具体体现，是四则运算与现实世界相互联系的桥梁。学习和进行量的计算，可使学生体验数学与客观世界的紧密联系，培养学生的应用意识和能力。

3. 小学数学运算规则的主要分类

小学数学运算规则的主要内容为法则、定律、公式等。

在小学数学的运算规则学习中，按运算规则水平来分，主要有：一级运算规则（加减运算）的学习，二级运算规则（乘除运算）的学习，简单的三级运算规则（主要是二次或三次乘方运算）的学习。

按涉及对象来看，主要是整数和小数的四则运算运算规则的学习和简单的乘方运算运算规则的学习，其中也包含简单的分数四则运算运算规则的学习。

从运算形式来看，主要有口算、笔算、估算（有时也包括珠算）等学习。

从学习目标来看，主要有运算的规则理解与掌握以及运算技能和运算策略的初步形成。具体地看，在小学数学课程中，运算规则的学习主要有：①四则运算（包括整数和小数四则运算，简单的分数加减运算，等等）；②性质运用（包括分数、小数的互化，解答简易方程，分数、小数化简，等等）；③名数化聚；④四则运用（包括简单几何形体的面积、体积的求法，各种数学问题的解决，等等）。

4. 小学数学运算规则学习的特点

小学数学的运算规则学习，无论是在学习内容还是在学习方式上，都表现出与学生年龄特征相对应的显著特点。

（1）学习内容的特点

①以"认数学习"为起点。实际上，不仅仅是运算规则的学习，就连整个小学数学的学习，都是以"认数学习"为起点，按阶段循环展开的。而运算规则的学习是伴随每一个

阶段的"认数学习"而深入的。

②以整数四则运算为主线。在小学数学课程中，整数的四则运算规则是整个运算规则学习的重点，其内容的线索是按照"认数学习"的循环逐渐展开的。儿童先在"10以内"认数学习的基础上学习简单的加减法（不进位和不退位），目的是初步获得对加减法运算意义的体验，此时运算方法的重点在于口算。而后，结合"20以内"认数学习，儿童开始接触简单的进位加法和退位减法，通过运算获得对"数"和"计数规则"的进一步理解，而运算方法实际上还是以口算为主。当结合"100以内"的认数学习时，儿童就要开始将"一级运算"扩展到"两位数加减两位数"，并开始接触"二级运算"的意义和规则的学习（即表内乘法和表内除法），此时将开始学习笔算方法，从而加深对加减法的意义的理解和对加减法运算规则的掌握。在发展到"万以内"的认数学习后，儿童要将"二级运算"的规则学习扩展到表外的乘除法（乘除数是两位或两位以上的乘除法），这时，运算方法开始以笔算为主，笔算是整个小学数学运算规则学习的重点。

③小数、分数的性质和运算规则学习与认数学习交织进行。在小学数学课程中，关于小数与分数的性质以及运算规则的学习，是伴随着整数的认数学习而逐渐渗透、阶段性发展的。

④性质与概念学习是伴随着运算规则学习而展开的。在小学数学课程中，许多运算性质的学习是伴随着运算规则学习逐步展开的。此外，伴随着小数的认数和运算规则的学习，"近似数""循环小数"等概念的学习也开始逐步渗透；伴随着分数运算规则的学习，"公分母""通分"等概念的学习也开始逐步渗透。

（2）学习方式的特点

①淡化严格证明，强化合情推理。按照科学数学的要求，数学规则的叙述必须严密、准确，要经过严格的论证。但考虑到儿童智力发展水平和接受能力的限制，许多小学数学规则并不要求进行严格的证明。为了让学生体验到数学的严密性、逻辑性，使学生感受到数学规则的有根有据，小学数学规则学习一般采用合情推理，用不完全归纳法或类比法导出。教师往往是先给出具体事例或已有知识，让学生通过观察、实验来探索和发现事物之间的关系或发展的规律性，再经过归纳、猜测和验证过程，然后用简练、准确的语言表达出来，形成规则。

②重要规则逐步深化。为适应小学生的认知能力及认知规律，小学数学中的重要规则：采用先渗透、再深化、逐步提高的分段编排方法。

例如，加减法运算法则分成"20以内的加减法""100以内的加减法""三位数、四位数的加减法"三个阶段进行教学；加法、乘法的运算律采用先渗透、再使用、然后归纳成条文的编排方法。

③有些规则不给结语。根据儿童的认知特点，有些规则不是以命题的形式，而是通过例题给出的。这样的规则称为"隐规则"。"隐规则"也是小学数学知识的重要组成部分，要求学生通过习题练习使用，并达到一定的熟练程度。例如，减法、除法的运算性质，教材中未给出结语，但要求学生会用其简化运算。

（二）儿童形成运算技能的基本特征

从认知角度来看，运算技能主要属于程序性知识。技能学习（运算规则学习）大致要经历认知、联结和自动化三个阶段，而儿童在这三个不同阶段的学习中，往往表现出一定的特征。

1. 生活经验是理解运算意义的基础

儿童在学龄前已经有了某些运算（更多的是加减运算）的活动，并通过这种活动形成了自己的经验，这些经验是与儿童的生活情境紧密联系的，而这些与儿童生活紧密联系的经验正是他们理解并掌握运算意义的重要基础。

首先，丰富的生活情境是理解运算意义的条件。儿童运算意义的理解，不是从以符号为表征的概念开始的，而是以自己的生活情境为基础的实践活动开始的。儿童知道了2加3等于5，并不代表他就理解了加法的意义，儿童是在丰富的生活情境之下，通过自己的实践活动来逐渐获得加法意义的理解的。

其次，丰富的生活情境扩展着对运算意义的理解。丰富的生活情境，不仅可以帮助学生理解运算的意义，又能进一步扩展学生对运算意义的理解。例如，对于乘法意义的理解，儿童开始是通过对"相同加数"的"加法"来理解的。但是，在生活的情境中，乘法的意义要丰富得多。这种丰富的意义，不仅扩展了儿童对乘法意义的理解，而且也丰富了儿童新的数学意义。

2. 运算规则的运用有明显的阶段性

儿童对运算规则的掌握与运用呈现出一定的阶段性，这种阶段性是与儿童的认知发展相一致的。

首先，表现在对运算规则理解和掌握的阶段性。儿童对运算的理解与掌握，因其能力特征的局限，有一个明显的发展过程。例如，儿童对"加法"的理解，最早是建立在自己"数数"活动的基础之上的。而这种"数数"活动在儿童不同的发展阶段也有不同的水平。

其次，表现在对运算规则运用的阶段性。儿童在运算规则的运用上，也明显表现出一定的阶段性。在低年级的儿童中，当他们已经初步掌握了一定的运算规则之后，在运算的过程中常常还要依靠一些"构造事实"的方法来获得帮助。但是，到了初步形成运算技能的阶段，儿童对"20以内"加减法的运算已经非常熟悉，再遇到像3+5这样的算题，一般就会采用"提取事实"的策略，而不再运用"数数"的方式。从一个低年级的儿童来看，摆脱"构造事实"的方式而采用"提取事实"的策略，也是形成一定运算技能的一个标志。

3. 从实物表征运算到符号表征运算

儿童在最初学习运算规则时，往往要依靠实物的表征，通过对大量的以实物为表征的"计数"运算活动，逐步概括出更为一般的运算规则。例如，学习"20以内"的进位加法时，学生可能会面对这样的情境：一个有10个格子的盒子，里面放有9个小球，盒子的外面还有3个小球，如果要求9+3的结果，可以先将1个小球放入盒子，正好"凑成"10个小球，而一个"10"，就可以在"十位"上用一个"1"来表示。学生就是通过这样的方法来加深对"十进位制位值制"计数法的体验，从而习得"进位加法"的运算规则的。

但是，随着儿童学习的发展，他们开始逐步摆脱以实物来表征运算，而直接获得以符号为表征的运算规则。例如，学习"100以内"的加减法运算时，学生更多的是面对直接用符号表征的运算，这是通过"20以内"加减法的运算规则迁移来获得的。

（三）儿童形成运算技能的基本表征

不同的运算对小学生的要求也不相同。一般来看，运算要求分为三个层次：会、比较熟练、熟练。"会"是指能够正确地进行计算；"比较熟练"是指通过训练，能够计算准确，有一定的速度；"熟练"是指不仅计算准确、迅速，而且能够选择恰当的算法，使计算合理且灵活。儿童是否形成了运算技能，可从其计算时表现出来的特征加以考察。

1. "会"计算的特征

对于某种运算，达到了不出声的言语阶段，多余的、不规范的思考和动作较少，并且能够及时校正。头脑中的思考比较连贯，眼看、心想、手写等各方面的动作基本协调，计算结果基本准备。

2. 计算"比较熟练"的特征

对于某种运算，虽然仍停留在不出声的言语阶段，但多余的、不规范的思考与动作几乎消失。头脑中的思路清晰、流畅，眼看、心想、手写等各方面的动作协调统一，能适当简化运算的某些中间环节，计算速度快，计算结果准确。

3. 运算"熟练"的特征

对于某种运算，基本达到或完全达到无意识的内部言语阶段，多余的、不规范的思考和动作完全消失，能够根据算理及题目的特点，变通且灵活地使用运算法则。迅速选择恰当的计算方法，思考过程高度简缩，省略或合并中间环节，眼看、心想、手写等各方面的动作高度协调，能把注意力同时分散到不同的目标，计算过程迅速，计算结果准确，计算方法合理且灵活。

四、小学数学运算规则教学的基本模式与策略

（一）数学运算规则学习的基本模式

1. 数学运算规则之间的关系

（1）上位、下位关系

如果运算规则 B 包含于运算规则 A，就说运算规则 A 是运算规则 B 的上位运算规则，运算规则 B 是运算规则 A 的下位运算规则。例如，长方形面积公式与正方形面积公式，前者是后者的上位运算规则，后者是前者的下位运算规则；"大数－小数＝差"与"大圆面积－小圆面积＝环形面积"，前者是后者的上位运算规则。根据已知运算规则，学习它的下位运算规则，称为运算规则的下位学习。一般地，下位学习较易，上位学习较难。比如在长方形面积公式基础上学习正方形面积公式较易，而学习平行四边形面积公式较难。

（2）并列关系

如果几个运算规则形式结构一致，内容相互关联，就说它们是并列关系。例如，整除的商不变性质、分数的基本性质和比的基本性质，三者是并列关系。通过并列关系之间的类比来学习新运算规则，叫运算规则的并列学习。并列学习有助于学生理解新的运算规则。

2. 数学运算规则学习的基本模式

数学运算规则学习常用的学习模式有例证—运算规则和运算规则—例证两种。

（1）例证—运算规则

先呈现与数学运算规则有关的若干例证，再引导学生观察和分析，逐步概括出一般结论，从而获得数学运算规则。例证—运算规则的学习模式与概念形成的学习类似，是数学运算规则的发现学习。

例如，学习长方形面积公式时，教师先向学生提供 24 个 1 平方厘米的小正方形，让学生把这些小正方形摆成长方形，最多能摆多少个？并将结果填入表中。再让学生思考，为什么最多能摆出这四种？从而发现长方形面积公式。

（2）运算规则—例证

所谓运算规则—例证教学模式，就是指教师先向学生呈现某个运算规则，然后通过若干的实例来说明运算规则的一种教学模式。这种教学模式往往比较适用于运算规则的下位学习，其条件就是学生必须掌握构建运算规则的必要概念。

例如，在学习了长方形的面积计算运算规则（公式）后，学生可以利用已构建的数学概念（正方形的特征以及正方形与长方形之间的关系等），直接获得正方形的面积计算运算规则（公式），然后再通过多个例证来进行验证（比如采用数"面积纸"的方格的方式）。

需要指出的是，在小学数学的学习中，所采用的运算规则—例证模式学习，并不表示就是一种简单的接受学习，因为在教学中，通常不直接将运算规则呈现给学生，而通过对某一对象（或某一组对象）的本质特征的探究来引导学生去发现运算规则。因此，这样的学习仍然带有一定的发现与探究的成分。

（二）小学数学运算规则学习的主要策略

小学数学的运算规则学习大致要经历规则的导入、规则的揭示与理解、规则的巩固与运用三个阶段。在这三个不同的阶段，有不同的教学组织策略可供选择。

1. 规则的导入阶段

规则的导入是儿童学习数学运算规则的一个不可忽视的阶段，因为它将直接影响到对数学规则的揭示，以及儿童对规则意义的理解的可能性和效率。一个良好的导入不仅能有效地激发儿童积极探究与主动尝试的欲望，还能有效地反映数学规则学习的意义和价值。

（1）情境导入

这是小学数学教学中最常见和最重要的一种策略。情境导入就是指教师创设一个具有现实意义的情境，而情境本身蕴含着某一个规则命题。情境吸引着儿童的兴趣和注意力，从而使儿童能积极地参与到各种感知与思维的活动中去。当儿童获得对规则的意义的理解时，同时也体验到了规则本身的价值。

（2）活动导入

这也是小学数学教学中较为常见的一种策略。所谓活动导入，就是教师先创设一个有趣的或有价值的活动，让儿童在活动中发现并提出问题，从而刺激学生去思考、去尝试并去探究，最终获得对某一规则的理解和掌握。

例如，在几何学习中，为了帮助学生理解并掌握一些周长、面积或体积的计算规则，教师通常都会先设计一些测量包装纸之类的活动，让儿童先去动手尝试，使他们在各种尝试活动中发现问题并探究规律。

在低年级，教师可能会先呈现这样一个活动：拿出一些小豆子，让学生去数这些豆子的个数。同时，教师与学生一起来数。结果，学生发现教师比自己数得快。这是为什么呢？通过观察教师数豆子的过程，学生可以发现，教师是五个五个地数。于是，学生开始尝试两个两个地数或十个十个地数，并因此体验到数数的本质属性。

儿童在正式进入学校、开始学习数学课程之前，已经通过大量的游戏活动建立起有关数学的和数学活动的经验。也就是说，他们是通过大量的游戏活动来积累有关数学的和数学活动的经验的。例如，他们在玩"过家家"的游戏中建立起有关"分类""数量"的经验。又如，他们在玩"造房子"的游戏中建立起有关"形状"的经验。

游戏是儿童的天性。在很多的情况下，他们通过游戏实现与他人的交流与互动。参与游戏活动能调动学生全部的内部动力系统。所以，我们可以发现，儿童在游戏的过程中常常会更加专注于活动，在游戏的过程中会更加倾向于尝试与探究，在游戏的过程中会更多地投入思考，在游戏的过程中会更加寄希望于自己主动的发现和创造。

因此，一个较好的策略就是：在小学数学的课堂学习组织中，利用儿童的这种天性，利用儿童已经建立起来的有关数学与数学活动的经验，让他们在有目的、有计划组织起来的游戏活动中去尝试、去探索、去创造，从而获得一些发现，实现日常经验的"数学化"。

在这里，运用这种游戏策略与儿童在日常活动中的游戏活动是有本质区别的。从活动目的来看，后者常常是一种无意识的活动，而前者是以实现"数学化"为目的的、有意识的活动；从活动性质来看，后者的游戏成分更多些，而前者的思考成分更多些；从活动过程来看，在后者中，游戏本身就是一个追求的过程；而在前者中，游戏本身并不是一个真正要追求的过程。游戏策略的目的是要在游戏中去思考原因，去探究策略，去发现知识，去形成结构，等等，这些才是要追求的过程。

可见，在运用游戏策略组织课堂学习活动时，要避免就游戏而游戏的倾向，即不能将活动停留在游戏活动的水平之上。要引导学生在游戏中学会思考，在游戏中学会探索，在游戏中学会发现，在游戏中学会形成策略，在游戏中学会建构数学。

（3）问题导入

所谓问题导入，就是指利用儿童已有的知识或经验，构造出一些新的问题，从而引起儿童的认知冲突，刺激他们主动地去探究新命题。通常，在一些规则的上位学习和并列学习的过程中，教师会采用这样的策略。

2. 规则的揭示与理解阶段

数学的规则学习建立在理解规则的基础之上。而对规则的理解则是建立在对数的意义的理解之上。因此，规则学习除了要形成并发展儿童的运算技能之外，还有一项重要的任务，即通过对规则内部属性的揭示来建立对规则意义的理解。

（1）借助实际情境获得对规则的理解

儿童一开始获得对规则的理解时，主要是借助实际情境来实现的。通常，在学习"10以内"的加减法时，实际上就是借助对具体对象的组合与分解来获得初步理解。

需要指出的是，在实践中，有些实际情境下的活动并没有很好地支持学生对规则的理解。

例如，在最初学习小数加减法的时候，有教师安排了一个利用不同币值购物的实践活动，即给学生一些不同币值的货币，并呈现标有单价的若干货物，要求学生在购物活动中准确知道自己最终要支付的币值。许多学生能顺利完成这些任务，却没能真正获得对小数加减法规则的理解。究其原因，可能是教师没有很好地构建实践活动与规则意义之间的联系。

那么，不同币值的购物活动与规则意义之间的联系是什么呢？"数位对齐"是小数加减法的一个重要规则，而儿童在经验中学会了"分与分相加""角与角相加"以及"元与元相加"，并知道 1.15 元就是 1 元 1 角 5 分。因此，面对教师呈现的 1.41 元、1.65 元、2.13元等商品的标价，学生会通过将这些单价的意义转换为"元、角、分"的意义，然后再去完成购物活动，再将结果转换为用小数表述的意义。可见，活动本身并没有支持对"数位对齐"的理解。但是，如果呈现给学生的是用"元、角、分"的方式表述的各种单价，并在这个基础上先让学生完成各种购物活动，再让学生将这种货币的表述方式转换成为生活中常见的另外一种表述方式，即以小数来表述。然后，将完成活动的两个不同的运算过程进行对比，学生可能就会比较容易建立起对"数位对齐"意义的理解。

（2）借助对数的意义的认识获得对规则的理解

如果学生在构建数的意义的基础上，初步掌握了对"十进位制"的理解，对运算规则的理解就可以借助对数的认识。一般来说，儿童在学习多位数的加减法或笔算乘除法的运算规则时，对规则意义的理解开始逐渐摆脱对实际情境中具体实物的依赖，基本上都是借助于对数的认识。

例如，在学习一位数乘法的规则时，学生一开始可能还是会借助一定的实际情境，比如"一本《学数学》杂志要 12 元，3 本这样的杂志要几元"？学生会利用对乘法在加法意义上的理解，通过"相同加数相加"的方式来获得问题的解决。

但对于"积的定位"的理解，学生却已经完全可以借助对十进位制的认识了。到了对两位数或两位数以上的整数乘除法的规则意义和小数乘除法的规则意义等的理解时，学生则基本上已经开始完全借助对数的意义的理解了。

（3）逐步揭示规则的内部意义

一般来说，儿童的抽象概括能力往往相对较弱。因此，对于一些较为抽象的规则，通常可以采用逐步揭示内部意义的方法，抽象概括出数学规则。

（4）完善示范结构的导向策略

低年段的儿童在规则学习时，主要依赖教师最初提供的结构完满的示范导向来形成对运算意义的理解和对运算程序的掌握。因此，教师最初的示范导向的结构特征就显得非常重要。

教师的示范导向并不是简单地指向运算程序，主要是指向对运算程序的意义的理解。只有当学生真正获得了对运算程序的意义的理解以后，才能抽象地概括出运算程序。

3．规则的巩固与运用阶段

新的运算规则建立以后，通过及时的运用对规则进行巩固，这是一项重要的任务。规则的运用不仅仅是为了巩固学生对规则的掌握，更重要的是通过运用规则，加深学生对规则意义的理解，使学生进一步获得良好的数感。一般来说，以下一些策略需要引起我们的重视。

（1）过程性策略

所谓过程性策略，就是在组织规则运用的训练时，不仅仅将目标盯在学生的运算结果上，而是更注重学生的运算过程，将巩固性练习由一个纯技能操作活动转变为促进学生发展的一个手段。在过程性策略指导下的教学组织常会表现出以下一些特征。

①注重算法思维。注重算法思维，即引导学生不仅要关注是否得到了运算结果，更要关注运算的思维过程。在通常情况下，它主要通过学生讲"算理"的方式来实现。

②注重算法多样化。倡导算法多样化的目的并不是追求一道算题的多种解法，而是为了留给学生更多的思考和探索的空间，留给学生更多的问题解决的自主权。当学生运用的算法是自己独立思考的结果时，他对算法意义的理解才是最真实的。同时，由倡导算法多样化而带来的更多的交流活动也能真正拓展所有学生的思考空间，提高所有学生运算的灵活性。

（2）表现性策略

所谓表现性策略，就是指在运算训练的过程中，重视学生解题的各种表现。这些表现主要反映在三个层面上，首先是算法思维层面，其次是常规方法层面，最后是能力层面。

（3）多样化策略

多样化策略主要是指练习目的、练习形式与练习方法的多样性。

从练习目的来看，通常可分为针对性练习（一种针对某一规则的重点或难点设计的练习）、诊断性练习（一种为了诊断学生对某一规则的理解、掌握程度而设计的练习）、发展性练习（一种为了促进学生思维与技能的发展而设计的练习）等。

从练习形式来看，通常可分为表现性习题（一种为考查学生在问题解决过程中的表现而设计的练习）、趣味性习题（一种为了增加活动趣味性而设计的练习）、梯度性习题（一种具有梯度性发展、具有题组特点的练习）等。

从练习方法来看，通常可分为解释性的（例如，只要说我是怎么想的，解释我为什么这样做，等等）、操作性的（如口算、笔算、改编等）。

（三）小学数学运算规则教学中应注意的问题

1. 重视算法的多样化

由于儿童数学能力的水平差异，以及他们对数的认知模式的差异，在运算中的思维推理过程会有较大的差异，这就形成了不同儿童的算法的多样化。算法的多样化，不仅是由于这些客观原因所形成的一种客观的现象，同时，倡导算法的多样化，也是发展儿童运算思维的一条有效的途径。因此，倡导算法的多样化，就能促进儿童形成独立、开放性的思维。

教学中，目标不能仅仅停留在学生能给出多少种不同的算法，第一是要求学生按自己的理解给出自己认为最好的算法，而不能一味地"求异"，反而抛弃了自己真实的理解；第二是要求学生在给出自己的算法后，能有条有理地推理、有依据地做出解释和说明，尤其要能说出自己最初的思考过程，这样才能真正起到发展儿童思维的作用。

同时，以下两个问题值得进一步探讨。

①在运算规则学习中除了需要给学生一种经济有效的算法之外，是否还需要鼓励这种算法的多样化？也就是说，如何处理算法的多样化与优化之间的问题。这一方面涉及是否能真正注意到儿童学习水平及其策略形成的差异性的问题，即儿童有着算法多样化的可能。另一方面还涉及是否能真正为学生构建一个独立思考和创造性思考的空间的问题，即算法多样化不是一种追求的形式，其价值在于激发学生的独立思考和思维的创造性。

②在运算规则学习中鼓励算法多样化了，是否还需要给学生一种经济有效的算法？也就是说，如何处理算法的一般化与特殊化的问题。一方面，统一的标准化的算法是否是每

一个学生都必须理解与掌握的定向技能目标，还是仅仅为学生提供一种思考上的方向；另一方面，统一的标准化的算法在何时呈现，以何种方法予以呈现。有一点是可以肯定的，在实际情境中，每一个人的算法是不会完全一样的，因此，教师可以向学生呈现自己认为较经济有效的算法，而学生完全可以保留自己认为经济有效的算法。

2. 重视估算

估算在日常生活和生产中有着十分广泛的应用，是未来公民必备的数学技能之一。例如，外出购物、承包一项工程、到某地出差等都需要用到估算。估算的方法灵活、策略多样化，有利于发展学生思维的灵活性和敏捷性，也是培养学生数学素养的重要手段。

首先要使学生形成估算意识。鼓励学生在计算前通过估算预测出结果，计算后用估算检验结果的合理性；经常安排结合生活实际问题的估算活动，让学生体验估算在日常生活中的应用价值。这样，逐步培养学生的估算意识，使学生养成估算习惯。

其次要使学生学会估算方法，形成估算的技能。估算没有固定的法则，但其方法也有一定规律性，教师应组织学生交流估算方法，比较估算结果的误差，结合具体情境对估算方法进行评价，使学生积累经验，逐步掌握一些估算的方法。

按照取近似值的方法划分，估算方法可分为：上限估算、下限估算、四舍五入估算。按照保留的数位划分，估算方法可分为：高位估算、多位估算和分段估算。不同估算方法，其运算的难度不同，准确度也不同。哪种估算方法适当，要根据问题的性质确定。例如，上街购物，估计带的钱数，只能采用上限估算，如果需估算准确一些，需采用多位估算或分段估算，否则只需采用高位估算。

需要指出的是，儿童估算技能的形成，需要有两个条件：第一，教师在运算规则教学中要通过多种方式和途径，不断强化学生的估算意识；第二，需要教师经常创造条件，使学生循序渐进地形成这种技能。

第二节　小学数学图形与几何教学

一、小学数学图形与几何教学概述

（一）图形与几何在小学数学中的意义

《义务教育数学课程标准（2022 年版）》对传统的几何内容进行了较大幅度的改革，

设置了"图形与几何"的领域，小学学段主要分为两个部分：图形的认识与测量、图形的位置与运动。学习和应用相应的图形与几何的有关知识和数学学习方法，对学生更好地认识、理解生存空间，更好地生存和发展有着重要的现实意义。

1. 有助于学生更好地认识和理解自己的生存空间

儿童最先感知的是三维世界，是"图形与几何"。人们认识周围世界的事物，常常需要描述事物的形状、大小，选择恰当的方式表述事物之间的关系。直观图形、几何模型以及几何图形的性质是准确描述现实世界空间关系，解决学习、生活和工作中各种问题的必备工具。因而"图形与几何"的教育价值首先表现在使学生更好地认识、理解和把握生存空间。

2. 有助于学生获得必需的知识和技能，发展空间观念

空间观念是创新思维所需的基本要素，没有空间观念，几乎谈不上任何发明创造。与数学其他分支相比，几何图形的直观与形象为学生进行自主探索、直观表达、动手操作和大胆创新活动提供了更有利的条件。作为一种直观、形象的数学模型，它在诱发学生的直觉思维、增强学生的好奇心和发展学生创造想象方面具有不可替代的作用。无论是对周围环境、实物和模型的观察、测量，还是有关观察、操作、猜想与设计，都需要学生亲身参与、亲手实践，其实践能力、空间观念和创新意识都将在自主探索和实践的过程中得到提高和发展。

3. 有助于培养学生的几何直观能力和创新精神

几何直观主要是指利用图形来描述和分析问题，进而帮助学生探索解决问题的思路，预测结果，直观地理解数学。它在整个数学学习过程中都发挥着重要作用。几何直观在本质上是一种通过图形所展开的想象能力，这就要求学生掌握一定的画图能力。在低年级的数学中，学生年龄偏小，识字量较少，孩子们喜欢把生活中复杂的人和事用简单的图表达出来，而在教学中可以通过多种途径和方式使学生真正体会画图对概念理解、寻求解决思路带来的益处。即要求学生在解决问题时对能画图的问题尽量画图，进而将相对抽象的思考对象"图形化"，把数学的过程变得直观，以展开形象思维。数形结合对于学生几何直观能力的培养作用明显、影响深刻，但在运用数形结合的实际教学中，许多学生往往由于画图不准确、讨论不全面、理解片面等原因导致出错，因此教学中应让学生掌握画图的一些技巧。模型可以让学生直接接触到几何的知识，直观而有效。多媒体技术给学生展示了丰富多彩的图形世界，提供了直观的演示和展示，可以表现图形的直观变化，以解决学生的几何直观由直观到抽象的演进过程，扩大其空间视野。总之，几何直观的培养应贯穿整

个小学数学学习的全过程，通过对学生几何直观能力的培养，使学生学会数学的一种思考方式和学习方式，以促进学生能力的提升和数学素养的发展，也为学生今后深入学习数学奠定基础。

学生的创新意识不是天生就有的，而是后天有目的、有计划地培养形成的，教师在学生已有的知识经验的基础上，有目的地创设生动有趣的问题情境，使学生产生疑问，从而激发学生探索的欲望，这样既有助于学生增强对新知识的理解，又有助于培养学生的创新意识。解题教学是数学课堂教学的核心，也是培养学生创新意识的有效途径之一。在解题教学中，既要让学生主动参与到例题的探究过程中，又要让他们积极参与到解题后的回顾过程中，舍得给时间和空间让学生思考，使他们在思考、讨论中获得新知识，产生新思维，达到培养创新其思维品质的目的。

4. 促进学生全面、持续、和谐地发展

"图形与几何"在联系现实世界、构建直观模型方面，具有其他分支或学科不可比拟的优势。"图形与几何"不仅包括度量和相关的计算等内容，也包括直观感知、操作实践以及由此发展起来的几何直觉、空间想象、推理等。"图形与几何"将所学的知识与现实生活联系起来，便于学生体验图形与现实世界的联系，有助于增强学生学习数学的兴趣和学好数学的信心。"图形与几何"的教学，不仅能有效地发展学生的观察、操作、想象和分析推理能力，而且能让学生积累多角度认识图形和刻画现实世界的经验，体验数学学习的乐趣，领悟数学的思想方法，感受数学推理的力量，发展空间观念、合作意识、学习情感和创新精神。

（二）儿童学习图形与几何知识的主要特征

1. 儿童空间想象力的形成

加德纳认为，"空间智力的核心是准确感觉直观世界的能力，依靠人最初的感性认识形成变换和做出修正，即使在缺少相关物质刺激的情况下也能重建人们直观经验的方面"。所谓的空间想象能力，是指对客观事物的空间形式进行观察、分析、归纳和抽象的能力。一般地说，空间想象能力以良好的空间观念为基础，以形成空间概念为目的。

空间想象能力，至少包含这样几个要素：第一，依据实物建立模型的能力；第二，依据模型还原实物的能力；第三，依据模型抽象出特征、大小和位置关系的能力；第四，能将模型或实物进行分解与组合的能力。

空间想象能力通常还具有两个明显的特征：第一，它具有较强的抽象性，即需要不断

地从实物中抽象出模型；第二，它具有较强的想象性，这是空间想象能力的主要特征，而且几何维度越高，对想象的要求也就越高。

低年级的儿童，对空间图形的想象还需要依附一定的直观物体的支持。例如，小学的几何学习基本上是从认识"二维"图形开始的，但儿童积累的却是大量"三维"的几何经验，因此，他们在对"二维"图形的空间思考的过程中，往往会依附相应的直观的物体（像长方形与长方体形状的物体相对应）。在教学组织中，教师又常常会引导学生去想：日常生活中有哪些物体是长方形的？强化了儿童在平面几何的思考中对直观物体的依赖性。有的学生甚至到了较高年级学习"圆的知识"的时候，在自己的空间思考时还会受到直观物体"圆球"的干扰。

儿童经过一段时间的学习后，到了三四年级，他们已经开始有可能根据对象的性质特征，构造反映这个性质特征的模型，并以模型来思考。例如，这时的儿童在认识一些平面图形的性质特征时，已经开始不再将图形与相应的直观物体去对应，而只关注图形本身的性质特征。

到了再高些年级，儿童对图形的认识已经开始更多地依赖模型的构建了。例如，他们学习"长方形""圆柱体"等的性质特征时，观察对象主要是一些实物模型而并非直观物体，因而摆脱了对象的直观特征，思考的是对象的性质特征。

2. 儿童空间观念的形成

空间表象是通过儿童主动和内化行为的逐渐组织而构建起来的，然后导致了运算系统的建立。因此，空间表象不是儿童对空间环境的感性的"读出"，而是来自环境的、早先的操作活动的积累。可见，对儿童来说，形状的抽象并不是对物体特性的感觉进行抽象的结果，而是儿童协调行为的结果。例如，对于"直线"的认识，是儿童通过早期在物体（如桌子）的边的不断的操作，并逐步协调自己的这种操作行为的结果。

总的来看，儿童的空间观念的形成大致经历了这样几个阶段：具体（实物直观，如具有相应几何形体的实物）→半具体（模型直观，如已被构造出来的实物模型）→半抽象（图像抽象，如用图呈示的标准图形）→抽象（概念抽象，在大脑中建立对象的本质属性）。

（1）儿童形成空间观念的心理特点

儿童形成空间观念是一个逐步发展的过程，在这个过程中，儿童的空间观念的形成呈现出以下七个明显的心理特点。

①对直观的依赖性较强。首先表现在比较容易理解直观的几何图形，尤其是低年级的儿童，他们往往对于一些较为抽象的图形，要形成理解还比较困难。例如，儿童对长方形

或正方形等图形性质的理解就比对圆性质的理解较容易，因为前者相对来说更为直观；或者，对"三角形"的性质理解可能就会比对"角"性质的认识更容易些，因为"闭合的区域"往往比"开放的区域"更为直观；同样的，因为图形的周长可以通过测量或展开，因而对它的理解可能会比对图形的面积的理解更容易些。所以，在教学中，常常会采用让学生通过自己的手的触摸来体验"面"的大小，逐步获得对"面积"的理解。其次还表现在学习中，尤其是在最初的几何学习中，常常将图形的直观原形与图形形状的名称联系起来观察，忽视图形的所有组成部分的特征图形与几何，有的儿童对"平角"或"周角"的理解就比较困难。

②用经验来思考和描述性质或概念。低年级的儿童对自己观察到的图形的直观特征，往往是用日常经验的语言来描述的。例如对于"三角形"的描述，会更多地借用日常经验中的"三角"，因此，常常会说"是尖尖的那样"；又如，对"正方形"描述为"方块"，并会用这种描述来作为图形的识别图式。虽然这种日常经验有助于儿童逐步建立空间观念和发展空间思维，但在思考和辨识中也常常容易被直观图形的表象所误导。例如，像对于"菱形"这样的图形，在他们看来，似乎也是一个"方形"，阻碍了他们对图形性质的概括。

需要指出的是，即便教学中运用了较为精确的语言描述，并试图让低年级的儿童来学会这些描述，但实际上储存于儿童头脑中的那些图形特征（陈述性知识），可能还会更多地依赖日常生活中更直观的经验的支持。例如，试图让一个一二年级的儿童完全依靠"对边""相等""直角""四边形"等概念来构建关于"长方形性质"的图式知识是比较困难的。

到了三四年级，他们可能开始学习用更为精确的语言来描述一些图形的性质，但是，他们对几何知识的储存中还往往会伴有一定的相应的日常经验。例如，对于"垂直"的认识，往往还会伴有"垂线"或"竖直"等的日常经验。因此，有的学生对一些"非竖直"形态的"垂直"识别可能就比较困难。同时，这个阶段的儿童能运用经验加工的方法做出某些预测，并设法去判断自己的这些预测，因此，他们对一些性质的建立，看上去已经开始运用逻辑的思维，但他们的思维在本质上是经验的。例如，他们能从自己的操作实验来获得"三角形内角和是180°"这样的事实，但是并不关心构成这个事实的三个角之间的相互依赖关系。

即便到了五六年级，他们对于一些较为抽象的图形性质的认识往往还需要日常经验的支持。例如，他们无法运用精确语言（定义）来描述"圆"，对"圆上""圆内""圆外"等概念还只能建立在"圆圈（即圆周）上""圆的里面""圆的外面"等上面。此外，对是否是这个圆的直径（或半径）的识别，更多的可能还需要依赖于图形的直观呈现。

③空间观念的形成依靠渐进的过程。儿童形成空间观念有一个逐步发展的渐进过程，而这个过程与儿童空间思维水平发展的阶段性相关，几何教学就必须符合儿童这个认知发展的规律。例如，学龄前儿童可能对于"三角形"已经获得了"三角"这样的初步的感性认识，但并没有真正形成对图形的直观特征的认识。到了低年级，就有可能通过自己的观察或操作，真正建立关于"三角形"形状特征的认识，即能用"三条边围起来"这样的直观特征来辨识。到了稍高的年级，儿童可能开始去逐渐获得"三角形"在性质方面的认识，并在多层次分类的基础上，去认识不同图形的性质之间的关系。这时，儿童才可能真正建立了关于"三角形"的概念。

可见，教学组织中真正要把握的，首先是要弄清楚在儿童的某个年段安排的几何知识的学习目标究竟如何定位；其次才去思考将通过怎样的途径或策略来获得这个学习目标的实现。

④容易感知图形的外显性较强的因素。儿童无论是通过操作还是通过观察，对图形的感知往往偏重于对象的直观性较强的属性特征，而忽视那些不太明显的属性特征。例如，儿童在观察正方形时，往往首先注意到的是正方形的边的特征，因为边的特征刺激大于角的特征，所以，就会混淆菱形与正方形的区别。又如，儿童对长方形性质特征的识别就往往比对圆的性质特征的识别要容易，因为长方形的这些性质特征都比较直观和外显，而相对来说，圆的本质特征就比较抽象和内隐。于是，学生对于"有12个工人在装配线上一起工作，他们都从一固定的箱内取零件，试想零件箱放在什么地方最合适"？这样的问题，就很难马上联想到用圆的本质特征来回答。再如，学生对"角"的本质属性的认识，往往会集中在组成角的两条边的长短上，而忽视两条边"张开"的程度，是因为边的长短的视觉刺激明显要大于两条边"张开"的程度。

⑤对图形性质的关系有一个逐渐理解的过程。在最初的学习中，儿童能通过自己的操作或观察来认识不同对象的特征，但是，对于不同对象间的性质特征关系的理解往往比较困难。例如，要让一年级的儿童去真正理解正方形与长方形之间的关系还是比较困难的。又如，一个二三年级的儿童，有可能通过观察和操作来获得各种不同四边形（如长方形、正方形、梯形或平行四边形等）的性质的认识，但是，如果将这些不同的四边形放在一起的时候，他们往往就不容易去概括这些图形之间的性质关系。只有随着儿童空间想象能力的发展，他们对对象的认识开始并更多地去关注构成对象性质的各个组成要素时，他们才开始注意到这些对象的性质之间的关系。例如，对于各种四边形的关系识别，只有当儿童开始从"边""角"等因素去观察不同图形的性质特征，形成一个"概念的特征系统"

时，才能真正理解这些四边形图形之间的关系，在识别时才会认为一个长方形、一个正方形和一个菱形等都是平行四边形。也只有儿童能形成关于几何概念的"特征系统"时，才有可能完成这样的任务。

⑥对图形的识别依赖标准形式。儿童在最初的几何形体的认识中，其参照系主要依赖现实空间，例如，桌面就成为他们确定水平线的一个参照。同时，他们在观察中又往往将注意力集中在对象的那些特征明显或差异较大的属性上。因此，对一些诸如"水平放置"的三角形、"相邻边大小接近"的平行四边形或"上底、下底"分别在上、下的图形（通常称为"标准图形"）的识别往往比较容易，但是，对于一些诸如"斜置"的三角形或一组垂直、"对角线分别上下垂直"的正方形和菱形、"邻边程度差异很大"的长方形或平行四边形等图形（通常称为"变式图形"）的识别就会感到比较困难。

标准图形虽然有利于儿童通过自己的观察来发现对象的性质特征，但是不利于儿童对获得的性质特征进行概括。因此，教学中多采用变式图形来进一步凸显对象的性质特征，防止儿童只关注对象的形状特征，这种做法是非常有效的。

⑦依据平面再造立体图形的空间想象能力是逐步形成的。儿童在观察具体实物、初步获得立体图形的性质表象后，在进一步的学习时，往往需要面对用平面方式构造的三维图形，这需要一定的平面透视能力。即需要面对看到的平面上的象征性的立体图形，运用再造想象，在头脑中构造出相应的模型。这对最初开始学习三维空间几何的儿童来说，是有一定的难度的，它需要一定的训练。例如，有的教师在儿童初次学习"长方体"时，用三根"拉杆天线"，将它们的三个端点按"长""宽""高"这三个维度焊接在一起，然后不断地通过拉动天线在三个方面的长度，让学生在头脑中再造相应的形体的形象，以此来发展儿童的空间想象能力。

（2）儿童空间几何学习的特点

①经验是儿童几何学习的起点。儿童的几何学习与成人（或更高年级的学生）不同，他们不以几何的公理体系为起点，而以已有的经验为起点。儿童在入学之前已经有许多几何方面的经验，他们在玩各种积木或玩具的过程中，在选择和使用各种生活用具的过程中，在家庭或活动时所接触到的各种自然现象中，甚至在玩类似"过家家"的游戏中，每时每刻都在接触着几何知识，每时每刻都在积累着几何的经验。例如，他们在幼儿园或家庭中玩各种玩具或积木的过程中，渐渐了解到各种玩具或积木的几何特点；又如，他们在使用各种生活用具的过程中，逐渐地感觉到各种用具在几何方面的特点。但是，他们还没有机会，也没有足够的能力用语言表达他们的发现，用语言来描述他们的行为。

显然，儿童是依靠经验开始几何学习并逐步形成空间观念的。

②操作是儿童构建空间表象的主要形式。儿童的几何不是论证几何，更多地属于直观几何，而直观几何是一种经验几何或实验几何，因此，儿童获得几何知识并形成空间观念，更多的是依靠他们的动手操作。儿童在这个过程中，通过不断地尝试搭建、选择分类、组合分解等活动来增加、积累自己的经验，丰富自己的想象。

一般来说，低年级儿童的几何学习主要是低纬度的和较为直观的，因此，图片的呈现可能会有利于他们对图形直观特征的观察，但是，操作更能加深儿童对这些直观特征的体验。例如，对一年级的儿童来说，运用观察感知长方形、正方形或三角形的图片的方式，可能就不如让他们去触摸这些形状卡片的方式来得好，但如果让儿童自己用小棒去搭建这些图形，效果可能会更好。而到了稍高年级的儿童，他们的几何学习开始涉及较高的维度或较多的抽象性，因此，就更需要通过操作来帮助他们形成对图形性质的认识。例如，他们对长方形面积计算方法的认识，就是通过"数面积纸"的方式，利用比较来获得的；又如，他们学习平行四边形、梯形或三角形等的面积计算方法，则是通过对图形的割补来推导出来的，而不是依据几何的公理体系、通过严格的逻辑推理来获得的。

总之，动手操作和观察比较是小学儿童获得几何知识、认识几何性质的主要途径和形式。

二、小学数学图形与几何的教学过程与方法

（一）图形与几何的教学原则

1. 提供现实情境，激发学习兴趣

图形与几何的教学，应当从学生熟悉的生活环境出发，小学生尽管具备了一定的生活经验，但他们对周围的各种事物和现象有很强的好奇心。所以在教学中，应抓住学生的好奇心，根据教材的特点，结合学生的生活实际，把生活经验数学化，把数学问题生活化。例如，以教室为情境，让学生认位置；以学生熟悉的搭积木为情境，认识长方体、正方体、圆柱和球等，让学生在这样的情境中主动地学习。

2. 注重学生独立思考、动手实践、自主探索、合作交流等，促进学生学习方式的转变

《义务教育数学课程标准（2022 年版）》中提出，独立思考、动手实践、自主探索、合作交流等是学生学习数学的重要方式。图形与几何的教学内容上设计了很多这方面的活动。例如"你说我摆""观察与测量""有趣的图形""动手做游戏"等，在合作中进行学

习，体验合作学习的必要性和乐趣。同时，在相互交流中，不断培养学生的参与意识，通过与他人的交流，感受不同的思维方式和思维过程，学会用不同的方式思考问题，尝试不同的探索方式，不断提高思维水平。在教学中，应为学生提供合作和交流的机会，不应简单地和机械地让学生模仿、记忆教师和书本上的语言。在教学中，还要注意在操作过程中引导学生进行思考，把操作与数学思考结合起来。

3. 注重各部分教学内容的互相渗透，有机结合

小学学段图形与几何的两个部分：图形的认识与测量、图形的位置与运动，不是孤立存在的，在教学中应注意互相渗透。比如《义务教育数学课程标准（2022 年版）》中指出的"能根据参照点的方向和距离确定物体的位置"等。又如"周长"一课，结合图形的认识和测量等知识来计算三角形、平行四边形、长方形和正方形等图形的周长。

4. 加强直接感知，发展空间观念，培养创新意识

空间观念是创新精神所需的基本要素之一，所以《义务教育数学课程标准（2022 年版）》把空间观念作为义务教育阶段数学学习内容的核心概念之一，把建立初步的空间观念作为数学方面的一个重要目标。例如，"位置与顺序"一课，结合生动有趣的情境或活动，让学生体会前、后、上、下、左、右的位置与顺序，会用前、后、上、下、左、右描述物体的相对位置，建立初步的空间观念。又如"认识物体"一课中的练习，动手搭出你喜欢的东西，使学生的想象力和创造性得到自由发挥，并能感受复杂物体的形状与简单几何体之间的联系。

5. 关注学生的学习过程，不断反思教学设计、教学过程，更好地促进教学

《义务教育数学课程标准（2022 年版）》明确提出要"实施促进学生发展的教学活动"，"培养学生良好的学习习惯，形成积极的情感、态度和价值观"，所以教师应重视学生知识的形成过程。例如，在"观察与测量"一课中，组织学生测量课桌的长度，他们可能不用标准的测量工具，而是用铅笔、绳子……作为测量工具，于是学生体会到统一测量单位的必要性。教师不仅要关注测量的结果，更要关注学生是否积极参与活动，能否采用不同的测量方法。又如，一位教师在第一次上"平移与旋转"这一课时，用多媒体显示课本上的图：火车与直升机的运动，并问学生，它们是怎样运动的？学生回答：火车是直着向前走的，车轮带动车走，火车是靠燃料推动走的等。这时教师慌了，不知如何引导下去。课后这位教师反思自己的教学设计，尽量排除非本质的干扰，突出概念的本质属性，于是重新设计了教学内容，这次多媒体显示：缆车、升降电梯、风车和吊扇，学生观察。教师问：它们的运动都相同吗？学生答：不同。教师：你们能把它们分分类吗？学生：缆

车、升降电梯的运动为一类，因为它们都是平平地直走；而风车和吊扇又是一类，因为它们是在固定地旋转。这次改进，使学生很快地进入了对平移与旋转的感知当中。

6. 运用现代科技手段，创设动态情境，优化教学效果

在几何知识教学中，恰当地运用多媒体，让"静"的知识"动"起来。通过直观的图像、鲜艳的色彩和逼真的音响，刺激学生的多种感官，创设动态的教学情境，促使学生积极思维、大胆想象，优化教学效果。

7. 注意教学中，渗透思想品德教育

新课改非常注意对学生进行潜移默化的思想教育，而不是直白的说教。例如，"左右"一课中，渗透走路要靠右侧通行，上课举右手发言。"认识图形"中，有一个十字路口的场景，渗透让学生遵守交通规则。这些内容通过小学生熟悉的生活场景，使学生受到思想品德教育，培养良好的公民素质。

（二）图形与几何的教学建议

1. 图形的认识与测量的教学建议

图形的认识重点是对图形特征的探索与描述，图形的测量重点是对图形大小的度量，图形的认识与测量需要从整体上把握。图形的认识是对物体的形状抽象后得到的图形进行研究，重点是认识图形的特征。图形的认识与图形的测量有着密切的关系，如长方形相对的边相等这一特征，需要通过测量确认其正确性。反之，图形的测量离不开对图形的认识，图形测量的过程与结果都与具体图形的特征密切相关。

《小学数学课程标准》中将"图形的认识"和"图形的测量"整合在一起，给小学数学的教学发出了信号：图形的认识离不开图形的测量，图形的测量离不开图形的认识，因此要从图形的认识与测量的整体内容结构来设计教学。学习图形的认识，探索图形的特征时，不能只靠观察与操作，还要关注图形的特征、图形的性质，并通过对图形的测量，以量化的结果来表达图形的特征。如"平行四边形对边相等且平行"这一特征的获得，是通过对多种样态的平行四边形有关要素测量的结果而得知的，要从测量的角度认识图形，即通过对平行四边形四条边的测量来确认对边相等，通过对平行四边形对边距离的测量来确定是否平行。反过来，学习图形的测量时，同样离不开对图形的认识。如学习圆面积计算时，需要用面积单位进行测量，而测量圆面积的大小离不开对圆特征的认识，即圆是曲边图形，不能直接用面积单位密铺测量来获得准确结果，需要转化为已知图形，再根据与已知图形之间的关联推导出圆面积计算公式。正确测量结果的获得依赖于对圆及转化后的已

知图形的认识。也就是说，圆这个图形的特征给度量带来新的挑战，在这里我们可以直接感受到图形的特征与度量的关联。由此可见，图形的认识与测量密不可分。

在实际教学中，教师应从"图形的认识与测量"的整体视角，抓住核心概念，建立整体知识结构，帮助儿童感悟图形的认识与测量之间的关联，利用知识与方法的迁移实现深度学习，促进核心素养发展。从新课标"图形的认识与测量"主要内容中不难发现这一主题的几条线索及其关联：一是对于图形的认识，从立体图形直观认识到抽象出图形要素认识平面图形，再到认识立体图形的特征，遵循的是"立体—平面—立体"的序列，并通过经历从实际物体抽象出几何图形的过程，感受点、线、面、体之间的关系；二是从测量的视角看，经历了从一维、二维到三维的转化，即一维的长度（周长）、二维的面积、三维的体积，从而理解长度、面积、体积都是相应度量单位的累加；三是每一部分图形的认识与测量之间都有密切的关联。

图形的周长、面积和体积，虽然测量的对象不同（一维图形、二维图形、三维图形），可测物体的属性不同（线段的长短、面积的大小、体积的大小），但都属于对图形的测量，都是通过度量得到的，它们的本质都是单位的累加。为此，在进行课程设计时，教师注重引导学生在探索图形的周长、面积、体积的概念时，可以与具体的图形建立联系，鼓励学生在亲自动手测量中认识图形特征，感悟周长、面积、体积均具有有限可加性、运动不变性，并在实际操作中，感受引进新度量单位的必要性，经历选择合适度量单位的过程，逐步形成量感。

例如，在建立"周长"概念时，教师可以引导学生通过尺规作图，把三角形的三条边取在一条直线上，首尾相接、依次排列连接在一起。引导学生从三角形有三条边的特征入手，明白每一条边都是一条线段，然后一段一段地连接在一起，体现线段的可加性。可加性还体现在对线段的度量上，三条边形成的这一条新线段的长度就表示三角形的周长，周长的本质即单位的累加。在具体测量过程中，逐步积累操作活动的经验，培养学生用定量的方法认识和解决问题的习惯，形成量感和初步的几何直观。

2. 图形的位置与运动的教学建议

《义务教育数学课程标准（2022年版）》指出，"空间观念主要是指对空间物体或图形的形状、大小及位置关系的认识。能够根据物体特征抽象出几何图形，根据几何图形想象出所描述的实际物体；想象并表达物体的空间方位和相互之间的位置关系；感知并描述图形的运动和变化规律"。"几何直观主要是指运用图表描述和分析问题的意识与习惯。能够感知各种几何图形及其组成元素，依据图形的特征进行分类；根据语言描述画出相应的图形，分析图形的性质；建立形与数的联系，构建数学问题的直观模型；利用图表分析实际情境与数学问题，探索解决问题的思路。"

因此教师可以在教学课堂中增加"用直尺和圆规作图"的活动，增强学生的几何直观。几何直观能够通过图形的直观性，将抽象的数学语言和图形语言联系起来，实现数形结合，是借助形象思维理解复杂数学问题的有效工具。即使是欧几里得，在进行几何学的论述过程中，仍然依赖头脑中绘制图形的直观。通过直观建立起自身经验与外物体验的对应关系，建立形与数的联系，符合小学生以形象思维为主的认知特征，可以帮助小学生简明、形象地理解数学本质，培养其敏锐的洞察力，这在数学启蒙关键期发挥着重要作用。

《义务教育数学课程标准（2022 年版）》在小学阶段增加了"用直尺和圆规作图"的内容，让学生借助直尺和圆规把相应的图画下来，感知数学图形的直观存在，建立图形的直观感觉，这有利于几何直观的培养。通过动手操作直尺和圆规，多感官参与活动，还能改变原来单一枯燥的学习方式。加强"用直尺和圆规作图"，一方面是对幼儿阶段"做中学"的延续，另一方面为后续初中更为抽象、复杂的"尺规作图"作铺垫，这有利于实现数学学习的中小幼衔接。《义务教育数学课程标准（2022 年版）》对此也提出了相应的内容要求和学业要求。例如，在第二学段，要求学生"会用直尺和圆规作一条线段等于已知线段""用直尺和圆规将三角形的三条边画到一条直线上"。引导学生在动手"做数学"的过程中增强操作体验，形成几何直观，感悟分析问题，强化对数学的感觉和表达。

（三）空间观念培养

如今，在小学数学课程中指向空间观念的内容变得更加丰富、更为系统。

《义务教育数学课程标准（2022 年版）》将图形的认识与测量、图形的位置与运动分别进行整合，从结构上更加突出了主题的整体性，这就为整体推进、系统发展空间观念提供了更多可能。图形的认识与测量，经过整合后，它们的关联更加紧密：图形的认识是测量的基础，测量也是从度量角度加深对图形的认识的。图形的认识重点是图形特征的探索与描述，而图形特征的认识离不开图形的测量。教学时，需要从顶层设计整体把握图形的认识与测量、图形的位置与运动，在学生的整个学习过程中都将空间观念的培养作为导向，使主题更突出、结构更关联。

1. 再现生活经验，建立空间观念

现实生活中丰富的原型是发展学生空间观念的宝贵资源，《义务教育数学课程标准（2022 年版）》在有关培养空间观念的内容上加进了很多新的内容。例如，第一学段的学业质量描述中提到"能结合现实生活中的事物，认识并描述常见的立体图形和平面图形特征，会对常见物体的长度进行测量，形成初步的空间观念和量感"，第二学段提到"能认识常见的三角形和四边形，会测量、计算长方形与正方形的周长和面积，了解图形的平移、旋转和轴对称，形成空间观念、量感和初步的几何直观"，等等，从而让学生在生活中形成空间观念。

2. 鼓励学生观察，形成空间观念

教学中引导学生多观察，使学生逐步获得有关几何形体的表象，形成空间观念。例如，学习"长方形面积"时，观察一些实物的表面，也可以用手摸一摸，多种感官协同活动，使具体的事物形象在头脑中得到反映、形成表象，让学生对概念有清晰和正确的理解。

3. 充分动手实践，培养空间观念

空间观念的形成，光靠观察是远远不够的，教师还应该引导学生动手操作，让他们通过拼一拼、剪一剪、折一折、量一量等活动，调动多种感官，这样易于空间观念的形成。

4. 发挥丰富想象，发展空间观念

想象是观察实验的发展，学生可以通过想象，绘制和比较放在不同位置的物体或实物图形，逐步形成各种表象，发展空间观念。

第三节　小学数学统计与概率教学

一、小学数学统计与概率教学概述

传统的小学数学课程体系中，只是在高年级编了一些简单的统计图表的知识，并且往往是将其当作工具性知识来学习的，因而也就将重点放在一些诸如绘制统计图表等的操作技能上。而实际上，这部分知识不仅仅是一种技术，更是认识现实世界与处理日常生活的思想方法之一。

（一）统计与概率内容的教育价值

1. 有助于学生适应现代社会的需要

义务教育的重要目标之一是培养适应现代生活的合格公民。在以信息和技术为基础的现代社会里，充满着大量的数据和随机现象，各种信息量成倍地增长，需要人们对它们做出合理的决策。事实上，每个人几乎每天都会遇到需要判断和推测的事情。在商店购物

时，要对商店的信誉做出判断；出门时，要对未来的天气做出预测；上班时，要对上班路线及交通工具做出选择；对于商业部门管理人员来说，经营哪种商品需要估计风险和利润；许多公共政策的制定都需要基于对数据进行分析；至于抽样方法在验货、检查产品质量时不可避免地要用到；各种保险、商品有奖销售、股票行情，这些与数据、机会联系在一起的现象成为街头巷尾议论的热题。总之，生活已先于数学课程将统计与概率推到了学生的面前，统计与概率的思想已渗入人们日常生活和社会生活的方方面面。

随着计算机等信息技术的飞速发展，数据日益成为一种重要的信息，21 世纪的人们面临着更多的机会和挑战，常常需要在不确定情境中，根据大量无组织的数据，做出合理的决策，这就需要人们能对纷繁复杂的信息做出恰当的选择与判断，具有一定的收集与处理信息、做出决策的能力，并且能够进行有效的表达与交流。统计与概率正是通过对数据的收集、整理和分析，来为人们更好地制定决策提供依据和建议。因此，要培养学生具有收集并处理数据、做出恰当的选择和判断的能力，以适应现代社会的发展，就必须将统计与概率的基本思想、方法和知识作为义务教育阶段数学课程的重要组成部分。统计与概率的学习必将为数学与学生的日常生活及其他学科联系起来提供一条自然的途径。

2. 有助于培养学生形成运用数据进行推断的思考方式

除了能解决实际问题之外，统计与概率还提供了运用数据进行推断的思考方式，这种思考方式已经成为现代社会一种普遍适用并且强有力的思维方式，它主要包括两个方面的内涵。

一方面，应用统计与概率方法由部分推断总体具有随机性，用统计与概率来解决的问题，其结论往往是以不确定现象和不完全信息作为依据的，这样的结论是可能犯错误的，这一思想方法与确定性思维存在着很大的差异。但统计与概率的基本思想又是一种重要的思维方式，它和确定性思维一样成为人们不可缺少的思想武器，由样本数据进行推断同样也是有力而普遍的方法。因为，在自然界和人类事物中，严格确定性的范围十分有限，随机现象却是大量存在的，而统计与概率正是对随机变化的数学描述，它能够帮助我们做出合理的决策，并能告诉我们犯错误的概率。统计不只是一套技术，它是处理数据中的一种态度，尤其是它承认数据和数据收集中不确定性和可变性的事实。因此，统计与概率内容是义务教育阶段唯一培养学生从随机的角度来观察世界的数学内容，它能使人们在面对这种不确定性时做出决策。

另一方面，从科学思维方法上看，科学起源于经验的观测。经验性的观察积累了数据，然后从数据角度做出某种判断。这种科学活动当然要依据各门学科自身的规律，但是统计方法正发挥着越来越大的作用。统计与概率发展到今天，它的理论和方法不仅越来越深入地渗透到物理、化学、生物、医学、地质、文学等几乎所有学科中，而且还越来越普遍地应用到工农业生产、气象与地震预报、经济管理、电子技术与计算机等各个部门。

为此，义务教育阶段应当使学生了解统计与概率的基本思想、方法和知识，初步形成运用数据进行推断的思考方式，养成尊重事实、用数据说话的态度，能明智地应付变化和不确定性，自信而理智地面对充满信息和变化的世界。

3. 有助于学生数学思考、问题解决、情感态度等多方面的发展

在运用统计与概率的基本思想、方法和知识解决实际问题的过程中，学生需要从日常生活中发现与数据有关的问题；从实际问题中收集最有用的信息；根据收集到的数据构建一个适当的数学模型；利用多种知识来求解数学模型；根据数学模型的解做出决策，以解决实际问题。在这一过程中，学生不仅仅将综合运用所有领域的知识来解决问题，还将促进自身多方面的发展，包括对日常生活中蕴含的数学信息比较敏感，具备一定的应用意识；具备观察、操作、推理和交流的能力；具备提出问题和综合运用所学知识和方法解决问题的能力；了解数学与客观世界的广泛联系以及数学内部的联系，获得对数学较为全面的认识；形成尊重事实、用数据说话的科学态度；逐步形成数学学习的兴趣和自信心，获得对数学学习的良好情感体验等。

（二）儿童学习统计与概率知识的主要特征

在开始学习之前，大部分儿童在描述一个现象的时候，往往只会简单地通过对现象的直观认识来描述，而不会通过收集数据并利用数据对这些现象进行更为精确的描述或预测。儿童的统计与概率思想的形成，不仅有赖于他们对知识的学习，还有赖于遵循他们发展规律的教学组织。

1. 统计思想的形成

统计思想的本质是从局部观察到的资料的统计特征来推断整个系统的状态，或去判定某一论断能以多大的概率来保证其准确性，它是一种由局部推断整体的思想方法，是一种探知某个系统的规律性的科学。儿童在形成统计思想方法的过程中，主要表现出如下特征。

①儿童的统计思想是在操作活动中逐步形成的。

②儿童对数据的分析与利用能力的发展是一个渐进的过程，对一个学龄前的儿童来说，数字往往只是表示单个物体量的一个符号，并不用来描述自己观察到的现象。因此，数字之间往往是不相关的。

③在儿童的经验里，往往是通过对一组单一数据的比较，来做出简单的且具有唯一性

的判断，当他们在最初接触到一组复杂数据的时候，往往就会采用经验中的方法来做出判断或无法做出判断。

④统计往往需要选择样本。选择什么样的样本、选择多大的样本才合理，对一个低年级的儿童来说，这些可能都是比较困难的。因为在儿童的经验中，收集的样本常常都是可以穷尽的总数。

⑤儿童主要是从"大小"开始认识数的，因而，对低年级的儿童来说，他们往往对数据的"最大"或"最小"比较敏感，当他们对一组数据进行排序的时候，最关注的是"谁大"或"谁小"这样的数据特征，而还不能将这一组数据作为一个描述现象的整体来看待。到了中、高年级，儿童已经开始知道，面对一组数据，不仅需要关注单个数据的特征，还要关注整个数据组的特征。

2. 对事件发生的可能性的认识

虽然在现实世界中存在着大量的确定现象与不确定现象，但是，对于儿童来说，他们要真正认识事件发生的确定性以及事件发生的可能性大小等概念，还是有一个发展过程的。在这个过程中，儿童主要会表现出如下特点。

①对儿童来说，对事件可能与不可能发生的情况，在生活中经常遇到。但是，他们还不能对事件发生的可能性情况做出一些预测。

②儿童对可能性的认识，主要源于他们的生活经验，因而在做出判断的时候，他们所处的环境与所经历的生活起着相当大的作用。

③儿童对事件发生的可能性以及可能性大小等的认识，需要通过大量的操作活动来建立。

二、小学数学统计与概率教学的过程与方法

小学数学统计与概率的教学，必须注重儿童的日常经验，必须从儿童的生活出发，在儿童充分活动的基础上，在一个具体情境中的活动中去体验、去认识、去建构。因此，不能将这部分知识的学习，单纯当作统计量的计算、统计图表的制作以及概念识记等活动来组织。

（一）小学数学统计教学的策略

1. 注重儿童的生活经验

内容的组织与呈现要充分考虑到儿童已有的日常经验与他们的现实生活，使儿童在现实的和经验的活动中去获得初步的体验。

例如，分类、排列和比较是统计的基础活动，但对初期接触数学学习的儿童来说，他

们参与这类活动的对象不宜是一些抽象的数据，而是一些具有现实意义的实物。因此，在组织教学的时候，应较多地考虑选择什么样的合适的情境，能更好地激发儿童投入分类、排列和比较等这样的数学活动中去。一些比较有效的做法是，向儿童呈现一堆杂乱的物品，让他们尝试进行分类，在分类活动的过程中，他们逐渐学会了如何将这些物品按一定的规则标准进行排列，并逐渐理解按不同的规则标准就会有不同的分类结果，为今后对数据整理与分析的学习打下基础。

又如，儿童对统计全过程的理解可能是有困难的，因为他们习惯的是面对已经给定的甚至是已经被处理过的一些数据进行思考和判断。因此，可以根据儿童的日常经验和兴趣，去设计并呈现一些特定情境下的现实问题，让他们通过自己的多次尝试不断体验。一些比较好的方式是设计诸如"班级要组织'六一'联欢会，买些什么样的水果更好呢"等情境。开始时，儿童可能会依照自己的喜好随意判断，但是，多次的交流后就会体验到这样是不行的，因为联欢会是大家一起参加的活动。于是，他们就会尝试着先调查每一个人的口味和喜好。可是，面对一大堆杂乱的数据怎么办呢？这时已经构建的分类与排列思想就会提供帮助，他们可能会将调查得来的那些数据（甚至可能是代表具体实物的图片）贴在教室的黑板上，于是就构成了一幅象形统计图。接下来，学生们可能会进一步讨论，喜欢哪一种水果的同学多些？同学们比较喜欢的集中在哪几种水果？喜欢哪一种（或几种）水果的同学最少？于是，不仅帮助学生对购买水果的行为选择提供了帮助，而且对统计与统计量的意义也提供了理解上的帮助。

2. 强化数学活动

课程所组织的教学要有利于学生的动手操作，使他们在经历一个数学活动的过程中去体验和理解知识的内在意义。因此在教学组织的过程中，不要将一些统计知识简单地当作对那些表示概念的词汇的识记，或者将它简单地当作一种程序性的技能来反复操练，而要尽可能地用一些活动来组织，以增加学生在学习过程中的体验。

3. 将知识运用于现实情境

学生对统计知识的学习，重点并不是能记住几个概念，能计算几个习题，能制作几个统计图表，关键是要能学会一些初步的和简单的统计思想和统计方法，能将知识运用于现实情境。因为，一些普通的数学规则（知识）和特殊情境之间是有区别的，通常在特殊的情境中往往并不能明确显示那些数学的规则性成分。所以，在现实情境中发展学生的数学素养是一个重要的途径。学生可以在这些问题解决的过程中，有效地获取知识和技能，增进理解；运用数学知识发现和解决一系列现实生活问题；处理由课程其他领域或其他学科提出的问题；对数学内部的规律和原理进行探索研究；等等。

（二）小学数学概率教学的策略

1. 活动的体验性

儿童对现实世界的不确定现象是通过大量符合日常生活经验的和有趣的活动来获得体验的。在开始学习这部分内容前，经验已经支持了学生对一些诸如"肯定""经常""偶尔""不可能"等词汇的理解与运用。一个比较好的教学组织策略就是，设计一些有趣的日常生活情境，让学生通过活动去进一步体验这些不确定事件的存在以及一些事件发生的可能性的大小。

2. 游戏的引导性

大量的实践表明，利用游戏来引导儿童体验事件发生的可能性以及可能性大小等是一个非常有效的策略。喜欢游戏是儿童的天性，很多时候，儿童是在游戏中体验与建构数学知识的。因为游戏不仅能激发儿童的思维，还能促进儿童策略性知识的形成。

3. 方案的尝试设计

所谓方案设计，实际上就是将知识运用于现实情境的一种策略。儿童可以通过这种将知识运用于现实情境的活动，进一步体验知识的内在含义，并进一步体验知识对现实生活的价值。

（三）小学数学统计与概率的教学原则

统计与概率的基本思想、方法和知识有助于学生更好地认识人、自然和社会。在面对大量数据和不确定情境中制定较为合理的决策，它是学生未来生活所必需的，是他们就业和进一步学习所不可缺少的素养。使学生具备一些统计与概率的基本思想、方法和知识，学习从随机的角度来观察世界，具备一定的收集、整理和分析数据，根据数据进行合理推断，并进行交流的能力，是义务教育阶段统计与概率课程的主要目标。为了实现上述目标，在教学上应注意遵循以下原则。

第一，应该把统计与概率作为义务教育数学课程的主线之一，而不是作为数与代数的某个单元。这主要基于两个原因，一是这部分内容具有重要的教育价值，特别是现代社会中每一个合格公民应具备的收集、整理和分析数据的能力，需要从小进行培养。同时，统计与概率以随机现象为研究对象，是从随机中去寻找规律，这对学生来说是一种全新的观念，如果缺乏对随机现象的丰富体验，学生往往较难建立这一观念，因此应该尽早把随机的思想渗透到教学中。当然统计与概率的教学必须符合学生的年龄特征，采取循序渐进的方式。为此，《义务教育数学课程标准（2022年版）》将"统计与概率"作为义务教育阶段数学课程的四个学习领域之一，从小学起就安排了有关的学习内容。

第二，要使学生接受统计特有的观念，最有效的方法是让他们真正投入产生和发展统计与概率的全过程。因此，在教学上应鼓励学生经历收集、整理和分析数据的全过程，体会统计与概率的基本思想、方法和知识。

第三，统计与概率的内容具有非常丰富的实际背景，在现实世界中有着广泛的应用。因此，教学中，应通过选择现实情景中的数据，使学生理解概念、原理的实际意义；着重于对现实问题的探索，解决一些实际问题，使学生认识到统计与概率在日常生活及各学科领域中的广泛应用。

第四，计算器、计算机的普遍应用不仅使信息越来越以数据的形式表现，同时可以使学生将主要精力放在对统计与概率意义的理解上。计算器可以处理复杂的数据，计算机可以大大提高数据整理和显示的效果，在建立、记录和研究信息方面，为学生提供了一个良好的工具，可以使学生有充足的时间来研究现实世界中的问题，理解统计与概率的基本思想、方法和知识。当学生对一个随机现象进行实验时，计算器和计算机可以产生足够的模拟结果，使学生理解随机现象的特点。因此，教学中，应强调运用计算器来处理复杂的数据，以使学生有更多的精力来处理更为现实的问题。对于有条件的地方，要充分开发和利用计算机的作用，发挥其在处理数据和进行概率模拟实验中的作用。

第五，统计与概率的内容和其他数学领域的内容有着紧密的联系。这部分课程的教学，应为发展和运用比、分数、百分数、度量、图像等概念提供活动背景，为培养学生综合运用知识解决问题提供机会。同时，要引导学生注意统计与概率之间的联系。统计过程不只是纯数字的运算，学生应初步体会其中所蕴含的随机性，而很多事件发生概率的获得是建立在大量数据统计的基础上的。

第七章　小学数学教学评价

第一节　小学数学学业质量标准简介

基于核心素养而优化小学数学教学学业质量标准与考试评价，有利于帮助学生和教师及时地发现学习中和教学中的问题，进而做出有针对性且科学合理的指导，以此促进教师的教和学生的学，从而提高小学数学教学质量和效率，促进学生的高效数学学习，发展学生数学学科核心素养。

基于素质教育的大背景，为培养学生数学学科核心素养，小学数学教学正处于改革与完善的阶段。而基于核心素养，优化小学数学教学学业质量标准与考试评价，将有效监督实时的教师教学效果和学生学习效果，以此促进教师的教和学生的学，通过及时解决问题提高教师的教学质量与学生的学习成效，从而促进整体小学数学教学水平的提升和学生数学核心素养的发展，最终促进学生的综合发展。因此，基于核心素养而优化小学数学教学学业质量标准与考试评价，对学生高效的数学学习、个人的成长、未来的发展以及小学数学教学整体学科的水平提升都有着十分重要的意义。

一、基于核心素养的小学数学教学学业质量标准与考试评价的优化意义

（一）促进教学效率的提高

基于核心素养而优化小学数学教学学业质量标准与考试评价，将有利于促进实际小学数学教学效率的提高，从而提高学生的学习质量和小学数学的教学价值。第一，根据小学数学教学学业质量标准的定义，优化小学数学教学学业质量标准与考试评价，可以要求教师根据具体的学业质量标准落实高质量的小学数学教学，促使教师依据学生的认知发展规律和心理发展水平设计科学合理、高效高质的教学策略，以此有效提高教师自身的教学水平与专业素养，从而促进实际小学数学教学效率的提升。第二，根据小学数学教学学业质

量标准的另一重定义，优化小学数学教学学业质量标准与考试评价，可以有效保障小学生的数学学习成效，促使实际教学围绕学生的思维培养和能力发展而展开，以此有效提高学生自身的学习能力与学习效率，从而促进学生的高质量数学学习，最终落实数学学科核心素养的培养。第三，优化小学数学教学学业质量标准与考试评价还将影响学生阶段性思维的发展，即根据不同学段所要求的学业质量标准与考试标准，学生基于此将得到及时有效的学业检测结果，同时根据该结果落实后续的学习问题改善或解决，以此促进学生落实有的放矢的数学学习，从而直接提高学生的数学学习效率，最终培养学生善于反思的良好学习习惯和具有辩证性思维内涵的质疑精神。

（二）促进学生的全面发展

基于核心素养而优化小学数学教学学业质量标准与考试评价，将有利于促进学生的全面发展，同时促进学生多方面优良思维品质的培养和综合实际应用能力的发展，从而促进综合型、创新型等人才的培养。

第一，基于小学数学教学学业质量标准与考试评价的深度内涵，优化后的小学数学教学学业质量标准与考试评价有利于保障实际教学的质量；同时还将有利于教师掌握第一手实际学情，进而落实贴合学情实际的具体教学，促进理论教学与应用教学的同步发展，最终影响学生多方面优良思维品质的培养。

第二，基于小学数学教学学业质量标准与考试的内容，优化其评价将有利于促进学生发散思维的培养与发展。具体而言，优化后的小学数学教学学业质量标准与考试评价将保障实际教学质量，有利于促进实际教学围绕学生认知而展开，以此帮助学生根据数学学习的主线落实数学素养的培养，从而促进学生数学认知的拓展，最终激发学生思维中的广阔性，丰富学生的数学见闻。

第三，基于小学数学教学学业质量标准与考试的内容，优化其评价将有利于促进学生深度思维的培养与发展。具体而言，优化后的小学数学教学学业质量标准与考试评价将促使教师获得最真实、有效的第一手学情，进而及时发现问题、分析问题以及解决问题，从而推动数学学习的思维向纵深发展，提高问题修正与教学策略修改的准确率，最终促进学生的个性化学习，激发学生思维的深度。

第四，基于小学数学教学学业质量标准与考试的内容，优化其评价将有利于培养学生的批判性思维或辩证性思维。具体而言，优化后的小学数学教学学业质量标准与考试评价可以有效突出学生的学习主体地位，进而突出学生的评价主体地位，以此可以更加有效地凸显学生的学习自律性、自立性和自主性，从而培养学生数学学科中珍贵的科学质疑精神，最终引导学生落实相关批判性思维或辩证性思维的培养。

第五，基于小学数学教学学业质量标准与考试的内容，优化其评价还有利于培养学生的创造性思维。具体而言，优化后的小学数学教学学业质量标准与考试评价可以同步促进教师教学质量的提升，同时基于素质教育的理念而促进实际综合教学的有序开展，以此促进学生的综合性发展，即发展学生的综合性思维，进而激发学生思维中的灵活性和敏捷性，从而促进学生创造性思维的培养，提高学生的创新能力。

第六，基于小学数学教学学业质量标准与考试评价的深度内涵，优化后的小学数学教学学业质量标准与考试评价，有利于促进应用教学乃至综合性教学的实际落实，最终促进学生综合实际应用能力的提升。

第七，基于小学数学教学学业质量标准与考试的内容，优化其评价有利于保障应用教学的质量，以此促进学生的数学知识深化。例如，教师可以根据相应的数学运算知识并引入生活情境化教学的方法，培养学生的生活应用能力和数学运算能力，从而促进数学核心素养的部分落实。

第八，基于小学数学教学学业质量标准与考试的内容，优化其评价有利于促进理论教学与应用教学的并驾齐驱，从而促进素质教育的发展，提高学生的综合应用能力。

（三）促进素质教育的推进

基于核心素养而优化小学数学教学学业质量标准与考试评价，有利于深刻落实素质教育中的核心理念，继而促进学生的发展，发展学生的综合素养。

第一，基于小学数学教学学业质量标准与考试的全面性，优化其评价有利于增加思想道德品质培育在数学教学中的比重，从而有效促进实际的德育发展，最终促进学生道德修养的同步提升和综合素养的逐步养成。

第二，基于小学数学教学学业质量标准与考试的应用性和实践性，优化其评价有利于深化教学，以此提高学生综合实践能力，最终促进学生的能力发展和个性化发展。

第三，基于小学数学教学学业质量标准与考试的人文性，优化其评价有利于促进实际数学教学中的情感教育和体育的同步发展，从而提高学生的体育健康水平和心理健康水平，最终促进素质教育的真正落实。

二、基于核心素养的小学数学教学学业质量标准与考试评价存在的问题

（一）忽视学生主体地位

基于核心素养，从目前小学数学教学学业质量标准与考试评价现状来看，目前的评价

缺乏对学生主体地位的重视，导致实际的小学数学教学中同样缺乏对学生主体地位的重视，不利于激发学生的主动性。首先，受到传统教学模式的影响，教师在开展实际的数学教学时常常以自身为教学中心，忽视学生的主体地位，导致学生陷入被动学习的状态之中，最终不利于学生数学学习效率的有效提高，影响教学评价的准确性。其次，基于学生认知发展规律的特点，教师常常低估学生的独立能力，容易导致学生过度依赖教师，从而不利于发展学生的独立思考能力，最终限制学生的认知和能力发展。

（二）评价角度单一刻板

基于核心素养，从目前小学数学教学学业质量标准与考试评价现状来看，目前的评价缺乏对学生主体地位的重视，导致评价角度单一化和刻板化，最终不利于提高评价的教学意义与价值。具体而言，实际教学评价的开展与落实常常基于教师的角度出发，这容易导致"一叶障目"而无法让教师掌握清晰的学情，从而影响教师的教学策略开展与修正，最终影响实际的小学数学教学效果。

（三）评价项目片面无序

基于核心素养，从目前小学数学教学学业质量标准与考试评价现状来看，目前的评价受到传统教学方法与模式的影响，导致评价项目的片面化与无序化，使得教学评价的效果失真。具体而言，基于上述评价角度的缺失及应试教育的影响，教学评价项目的落实常常毫无章法且过度重视学生的书面性作业或考试的成绩，使得功利化教学目标出现，从而不利于学生的高效学习，最终影响学生感受数学学科的魅力，不利于落实数学学科核心素养的培养。

（四）评价制度分散混乱

基于核心素养，从目前小学数学教学学业质量标准与考试评价现状来看，目前的评价因为上述复杂情况的存在，所以评价制度分散、混乱，缺乏科学性与合理性。具体而言，上述评价主体缺失、评价角度片面、评价项目无序等因素，将影响实际数学教学的有效开展，导致教师与学生对具体的教学和学习缺乏一个统一与科学的参考，既不利于促进教师的教学和学生的学习，也不利于提高学生的综合数学素养。

三、基于核心素养的小学数学教学学业质量标准与考试评价的优化策略

（一）突出学生的主体地位

基于核心素养，为优化小学数学教学学业质量标准与考试评价，教师应当注重突出学生的主体地位，以此有效利用学生的学习主体性和主动性，引导学生在实际教学中主动学习。首先，教师应当深入研究小学数学教学学业质量标准和教材内容、教学内容，继而在此基础上设计符合实际学情的教学策略，同时对应地落实相关的教学评价，从而稳固评价的基础。其次，教师要发挥学生的主体作用，要增强学生在教学活动中的存在感，如让学生置身于浓厚的学习氛围中开展数学学习，推动学生的全面发展，最终提高学生的学业质量，继而提高学生的学习效率和能力。

（二）促进评价主体多元化

基于核心素养，为优化小学数学教学学业质量标准与考试评价，教师还可以采用多元的评价主体，以此既可以突出学生的主体地位，同时又可以丰富评价的角度，从而提高评价的准确度。例如，根据人教版五年级下册"探索图形"的教材内容，教师可以引入小组合作学习模式，通过小组分组合作完成探究性的数学活动，从而有效提高学生的数学探究能力，同时还将促进教学评价主体的多元化。具体如，教师在"探索图形"的综合性探究活动结束后，可以增设小组互评、学生自评等评价项目，引导学生就活动安排、执行能力、分析能力、观察能力等方面展开对其他学生的描述，以此帮助教师完成最真实、完整的学情了解，从而突出学生的学习主体地位以提高学生在教学活动中的存在感与参与度，最终促进学生核心素养的发展。

（三）促进评价形式多样化

基于核心素养，为优化小学数学教学学业质量标准与考试评价，教师还可以采用多样化的评价形式，通过多样化教学方法与模式的渗透或引入，以此丰富实际的教学形式，同时促进评价形式的多样化。例如，以人教版六年级上册"扇形统计图"的数学统计学知识为例，教师可以设计与此相关的数学综合性实践活动。首先，教师在完成活动导入的环节中，可以引导学生参与数学活动的设计之中，以此一方面可以突出学生的学习主体地位，另一方面可以增进教师对学生的了解，从而提高学生的活动兴趣与积极性，最终影响具体的数学学习。同时教师还可以针对有效的活动方案，给予学生基于学科知识以外的能力肯

定，从而提高学生的信心。其次，教师在活动过程中应当积极发挥引导者、观察者和支持者的作用，一是作为引导者时刻把控具体的活动节奏，如在数据收集的途中有意识地培养学生的表达能力或交流能力，及时给予肯定，促进学生发展，从而提高学生的活动信心；二是作为观察者时刻留心学生遇到的问题，采取灵活的方式帮助、引导学生，进而间接影响学生的活动进度，同时还可以给予实时的活动评价，以此在尊重学生独立性的基础上给予学生最大的学习自由空间，从而有效促进学生的个性化学习；三是作为支持者及时给予学生鼓励，以此增强学生的学习耐心，引导学生培养持之以恒的学习习惯，达到增强学习效果的目的。最后，活动结束，教师应当给予学生一个整体性的评价，使学生及时发现自身的不足，进而继续努力提升自己。此外，教师也可以引导学生评价活动中与其合作的同学，以此培养学生的评价能力，促使学生向更优秀的学生学习，落实共同进步、相互促进的良好合作学习模式，营造良好的学习氛围和评价氛围，最终提高学生的数学学习质量。

（四）构建科学的评价制度

基于核心素养，为优化小学数学教学学业质量标准与考试评价，教师应当综合各方因素，以此构建并落实科学的评价制度。首先，为促进评价制度的确立，教师应当尊重学生的学习主体地位，通过采纳学生意见和想法来提高评价制度确立的人文性和针对性，从而增强评价制度的科学性。其次，为促进评价制度的确立，教师可以根据实际的教学环节落实各个环节的教学评价。以人教版六年级下册"圆柱与圆锥"的教学内容为例，教师可以在课程中渗透有意义的问题，如"为什么等底等高的圆锥和圆柱的体积比是 $1:3$"等，以此激发学生的主动性，促进学生的思维发展；而针对具体的问题回答做出评价，例如，教师对回答错误的学生可以给予鼓励性的话语，可以通过鼓励学生的勇气以增强学生的信心，可以通过鼓励学生的思路以引导学生使用更加灵活、正确的思路完成相应问题的思考和学习，从而提高学生课堂互动效率。以人教版六年级下册"圆柱与圆锥"的教学内容为例，教师还可以在课程结束后的课后巩固阶段丰富作业评价的形式，如采取亲切活泼的话语与学生交流作业心得等，以此促进良好师生关系的建立，同时还可以提高学生的作业兴趣，从而创新及优化作业评价的形式，促进双向、高效的师生互动，为学生提供轻松愉快的学习氛围。

综上所述，基于核心素养，为优化小学数学教学学业质量标准与考试评价，教师可以落实突出学生的主体地位、促进评价主体多元化、促进评价形式多样化、构建科学的评价制度等措施，以此充分利用学生的主体性和主动性，完善评价制度，从而促进系统性、整体性的小学数学教学学业质量标准与考试评价制度的落实，提高学生的综合素养。

第二节 基于目标的教学评一体化评价

评价贯穿于课堂内外。如何将课堂内外一体化，是当前我国小学数学评价改革的难点。对此，笔者采用"课内铺垫+课外评价拓展+多角度评价卡"的评价新方式，将课内外教学资源有效整合，进行评价的实践尝试。

一、基本内涵

"课内铺垫+课外评价拓展+多角度评价卡"，首先根据特定原则，选取相应考查内容，然后设计课堂教学情境进行适度铺垫；在课外评价中，以课堂同质情境为基础，以数学活动为载体，对相关数学内容和能力进行拓展评价。而后，量化等级和多角度质性分析相结合，由教师、学生和家长填写多角度评价卡，以激励性语言为主，恰当地指明学生进一步发展的方向，在巩固学习自信心、进一步激发学习兴趣的基础上，帮助学生"以评价促发展"。

二、评价内容的选用原则

为了实现"以评价促发展"，评价内容的选择必须坚持两个原则。

原则一：选择更易于考查数学意识、能力的数学内容。

例如，在数学活动的考查中，以学生熟悉的环境（教室、餐厅、操场等现实情境）为评价素材，引导学生发现问题、提出问题，进而分析问题、解决问题，这样既可以考查数学能力，又易于培养应用意识。同时，以课堂上曾经出现的生活情境为背景进行课外评价，小学生倍感亲切，而评价更朴实、自然。

原则二：选择更容易凸显数学思维过程的内容，以便于准确测试学生的理解层次、水平。

由于评价采取课外"一对一"方式，可根据学生的回答，教师适时追问，以此评判学生理解的深度和广度。例如，对于 $5+9=14$，纸笔测验很难测出学生是如何思考的，而结合真实情境的课外测试，则可以轻松实现"再现思维过程"的目的。

三、实施过程

采用"课内铺垫+课外评价拓展+多角度评价卡"实施评价，主要分为四个步骤。现以设计手环为例加以说明。

（一）精选考查点

评价时选取人教版二年级上册"找规律"，通过"学生根据原创规律设计手环，并进行规律解说，最后将自己设计的手环送给父母"这一活动，对学生进行综合考查。

（二）课内铺垫设计与实施，巧妙创设情境

在课堂中，通过"补全已有手帕、探究循环规律"，到"利用循环规律设计手帕"的课堂环节，凸显"数学来源于生活，又服务于生活"的理念，为学生在课后利用自创规律进行作品设计奠定基础。

（三）拓展课外评价活动，激发创造力

设计手环的设计意图在于归纳、总结和识别规律，进而设计图案，培养学生感受美、创造美、欣赏美和应用美的主动意识。

（四）填写多角度口试卡，引导多角度关注与评价

评价活动结束后，宜采用"等级+教师评语+家长评语+自我评语"的形式实施评价。

对学生而言，活动之余，可以在相对轻松愉悦之中通过教师、家长和学生自己进行多角度评价。在评语方面，需要指明学生的数学优势与有待发展之处，以激发学习数学的兴趣、增强数学学习自信心为宗旨。

四、评价特点梳理与实施效果分析

"课内铺垫+课外评价拓展+多角度评价卡"实践，属于草根式的探索，具有若干特点。

（一）生活化立意，诱发学生的数学应用意识

这种评价，其立意在于生活化，即从现实生活出发，将课堂上的数学规律提升、拓展，发展为学生自己创造规律，并将自己的规律应用于生活。

这种设计不仅能够增强学生的数学自信心、提升自豪感，而且这种学习带来的创造力和成就感，在激发学生学习兴趣的同时，使学生亲身感受"数学来源于生活，又服务于生活"的丰富内涵。

（二）课堂内外的关联情境，有效激发学生的主动参与

由于评价活动的情境来自课堂情境，学生对此自然亲切；而评价情境又在课堂情境的基础上进一步发展，其中的探索性诱人深思。教师在评价活动之前的视频解说，更好地渲染了评价活动的和谐氛围。

这种方式贯穿课堂内外，将课堂学习与课外评价活动有机融合。学生不仅对被试内容有必要的前期准备，而且更容易把精力集中于拓展部分。如此，既达成良好的拓展、评价效果，又实现促进学生进一步发展的教育功能。

（三）梯度化呈现评价问题，满足学生的分层需要

从设问上看，针对不同层次的学生，对数学评价活动进行分层设计。学生可以根据自己的能力自主选择。这可以最大限度地增强学生数学学习的兴趣和进一步学习的信心。

（四）评价活动借助多彩纸条，贴近学生实际

利用规律设计手环，并借助学生喜爱的多彩纸条、漂亮图案及水彩笔等原料，呈现评价活动，极大地提高了学生的活动参与度。通过视频讲解，学生更容易理解题意。从而，平均用时2分钟，学生就可以完成评价活动。

第三节　基于理解的小学数学表现性评价

理解是个体内部的心理现象，可根据个体所表现出来的外部行为衡量理解的特征与水平。为了促进理解，需要构建基于核心概念等理解的表现性评价质量框架，进而使评价活动变得有效与可靠。表现性评价质量框架包括表现性目标、表现性任务、表现性规则及表现性教学，教学实施中应设定理解目标，关注评价的整体性；紧扣理解要素，凸显评价的针对性；着眼理解层级，发挥评价的发展性；贯穿理解过程，促进评价的一致性。

传统的纸笔测验以二元对错为判断，过多注重考查学生的零散知识和离散技能，评价的是学生掌握知识和技能的多少，关注的是学习的量。面向新时代的课程评价已由知识本位转向育人本位，指向学生核心素养，关注学生学得有多好，即学习的质。评价学生掌握知识和技能的多少已有较多经验，目前需要强化学生对核心知识的理解、知识和技能在新情境中综合运用及关键能力等指向学科核心素养的综合评价。评价学科核心素养需要源于

现实世界、贴近学生经验的真实情境，创设具有现实意义的任务或问题，涵括问题解决所需的学科内容（包括学科知识、技能，学科观念，学科实践）等。

一、基于理解的表现性评价内涵

（一）基于理解的表现性评价

理解是一种运用所学的知识灵活地思考与行动的能力，也是一种与机械背诵与固守答案相反的实践能力。学生的真正理解包括：能解释、能阐明、能应用、能洞察、能深入、能自知。理解对于数学学习而言处于核心，不能简单看作对数学的理解，应视为理解数学之能力。理解是学生借助已有知识和技能内化未知知识的能力，并且可以应用于任何情况下的类似问题。因此，理解不仅是一种认知方式，也是一种吸收内化知识能力、问题解决能力以及实践创新能力的总和。无论是认知结果还是能力总和，理解的存在形式都是内隐的。其认知结构水平和能力水平需要通过外显的表现性任务，来进行观察、测量和评价。其关键在于根据指向理解的内容要素，对学生完成任务的表现进行科学的水平划分，以便进行观察测量评价。

用传统的评价方式难以体现学生的理解能力，表现性评价超越了传统的以二元对错为判断依据的纸笔测验，提供评价学生学习过程和表现的可行途径，在教学实践中更关注学生在完成具体任务过程中的具体表现和理解水平，强调学生在答题时的意义建构。

（二）小学数学教学的表现性评价

数学教学应用中，表现性评价考查学生在概念理解、问题解决和综合能力上的表现。在数学教学中，根据学生解决真实情景任务的能力，以及他们在解决过程中所形成结论的质量来评价学生。如果认为数学中需要涉及的内容有发现模式、归纳概括、建立模型、论证、简化、扩展等类似于数学家的活动或者将数学应用于日常生活的过程，那么显然，表现性评价是适用于评估学生数学学习过程的高阶思维与理解水平。

理解本质上是个体内部的心理现象，根据个体所表现出来的外部行为去衡量理解的特征与水平，其中既有个性的差异，也有水平之分。为了促进核心概念、大观念和关键能力的理解，尝试构建核心概念、大观念和关键能力理解的表现性评价体系，进而使评价活动变得有效与可靠。

二、小学数学教学表现性评价质量框架构建

完整的表现性评价包括目标、任务和评分规则。在此基础上，更应重视这三者与表现

性教学之间的联动关系，数学教学表现性评价质量框架应是表现性目标、表现性任务、表现性规则及表现性教学构成的关联系统，用以实现教学评一致性。表现性目标需要在课程目标的基础上，拟定好单元目标，再确定每一课时目标，表述学习者达成的核心素养、大观念和关键能力目标，形成一以贯之的目标体系。表现性任务不单单是任务形式上由封闭走向开放，更要体现学习任务是什么，是否指向真实情景下的复杂问题解决，关注学科核心概念、大观念及关键能力的理解，是否低门槛、大空间、多层次，能让所有学生参与、让学生挑战自我的同时实现对学科本质的理解。表现性规则是指针对表现性目标制订的评分规则。评分规则通常需要提前拟定，有时可根据学生的表现适时进行调整，以便更好地评价学生的理解和运用水平，推进学生理解的进阶，进而促进学生的学习。表现性教学根据表现性目标设计表现性任务来展开教学，组织学习方式，实施中利用表现性评价评分规则对学生的表现性学习进行教学反馈，同时促进教师教学的调整推进和课堂效率提升。

三、小学数学教学表现性评价实施

数学学习适用于表现性评价的目标，是那些居于数学课程核心的、需要持久理解的目标，包括数学学习的核心概念、大观念和关键能力，它们指向核心素养，是核心素养的基础和重要组成部分。围绕学科核心概念、大观念和关键能力展开课程设计和单元整体教学，学生经历前后关联、结构清晰的学习过程，将提升学生对学科核心概念、大观念和关键能力的理解水平，同时在不同年段不断重现这些内容，有助于设计连贯集中的大单元教学，同时也有助于促进学生的认识螺旋式发展，实现真正意义的理解。

现在学界认为表现性评价越来越重要，同时也产生困惑，哪里找时间进行表现性评价，如何才能有效实施。教育工作者需要打破传统观念，不再把评价视作教学完成后的事，评价不仅仅是判断教学效果、学生学习成绩优劣的一种手段。而应把评价作为课堂教学活动的一个有机组成部分，将表现性评价镶嵌到教师的教学和学生的学习活动中，实现教学评的一致性。不是先设计教学过程，再思考如何进行评价，而是将教学目标、任务等设计和学习评价进行整合。在进行教学设计的同时，进行教学效果的评价设计。开展表现性评价，最关键是评价与教学设计的统整，这对教师的教学和学生的学习才会更有意义。下面以《小数的性质》一课为例进行探讨。

小学阶段位值概念的理解，是认识数的基本原理。理解位值概念对于学生获得良好的数感、估计和使用数学技能以及理解多位运算非常重要，是小学数学的核心概念之一。对位值的理解包含概念和符号两个层面，概念层面关注的是对数量之间关系和运算的理解，而符号层面则涉及数量表征系统的符号特征、数符号的位置多样性的组成性特征。位值制的内涵非常丰富，包含表记和数值两个原则：表记原则是指在数字符号中每个阿拉伯数字所在的位置各有其指定的数值；数值原则是指在数字中，相邻的两个数字的幂次关系决定数字中各个数字的位值，因此位值记数法主要指十进位制计数法。对于小学阶段而言，需要理解位值概念的两个层次：一是数字表示的数值，与它所在数位有关；二是同一数字在不同的数位表示的意义不同，大小也不同。

实际教学中，将位值当作技能而不是概念理解来教授是经常发生的。因为教师过多关注的是学生是否掌握数的知识，忽略学生对数之间逻辑关系的理解。国外研究表明，尽管学生能够识别多位数，会计算多位数的运算，但是并没有真正理解位值的概念。真正实现对位值概念的理解，须找准学习路径，构建适切的评分规则框架，实施对位值概念理解水平的过程性评价，"通过评价了解学生在学习过程中达到的水平和存在的问题，帮助教师调整和改进教学"。

《小数的性质》的内容选自人教版四年级下册的例题"38-1、2"，教材呈现了借助米尺比较长度和借助方格图比较大小两个例题，引导学生在直观观察的基础上，结合小数的意义进行说理、发现规律。教材给出几组小数，借助小数的意义、计数单位之间的关系提供学习支持，试图进行意义构建。实际上如此教学，学生的认识只停留在具体例证的表面，不能利用位值概念由表及里地进行思考、说理，导致学生缺乏对数学本质的理解。让学生的认识触及知识本质，应从目标、评价、任务及教学整体框架入手。

（一）设定理解目标，关注评价整体性

在设计和教学一个单元之前，确定这个单元的核心目标。有些表现性目标贯穿整个单元甚至整个学段，跨越较长时间，因此要在单元开始设计之前就思考这个问题。教学设计只有强调明晰的目的，明确基于理解的表现性目标，关注数学理解的递进性和整体性，这样学生才能作出符合预期的反馈。毋庸置疑，这需要依照课程目标，也需要基于班级学生学情，才能设定适切的学习目标。

《小数的性质》教学中，位值概念符合确定学习目标、优选课程内容的四条标准——是否具有持久的价值、是否居于学科的中心、是否需要发现、是否对学生具有吸引力，同时对所在的整个内容单元也是核心概念。

（二）紧扣理解要素，凸显评价针对性

表现性评价与教学的统整，要求在设计教学活动之前，教师要先设计表现性任务，实施以终为始的"逆向设计"。教学设计前教师应清楚用什么方式来评价学生学得多好，还

应知道如何去设计评价。教师要紧扣基于理解的表现性评价的内容要素，设计层层递进的表现性任务，同时将表现性评价、任务融入教学活动。需要澄清教师期待的学习结果是什么样的、如何得以实现，这需要逆向思考基于数学理解的内容要素包括哪些、存在怎样的学习路径。进而能确定教学设计是否适合，能确定学生对核心概念的理解是否达到，也能确定课程标准是否实现。需要对学习目标、评价进行有目的的分析或有针对性的指导，确定指向理解的内容要素，这样进行任务设计才是有效的。

让学生综合运用知识解决真实世界中问题的表现性任务，它不仅涉及学习内容，还涉及对学生所知和所能进行更深入、更全面的理解和测量。学生完成表现性任务时，需要写出自己的想法、思考。学生回答时所表现的思维结构和理解水平是可测、可评价的，这将作为开展、推进下一阶段教学的重要基础。

（三）划分理解层级，发挥评价发展性

要知道学生是否已经达到预期的结果，何以准确知道"学生学会了什么"，就需要在教学设计前确定合适的表现性评价规则，用以评价学生的不同表现对应着不同理解层次。收集学生完成表现性任务的回答，来判断学生整体上是否达到预期的理解。确定合适的理解层级（即表现性评价规则）需要聚焦于学习目标的重要维度，为达成表现性目标服务。

评价是为了发展。划分评分规则以描述学生达成不同理解层级的各种表现，能描述和评定出学生理解上的真正差异。同时，评分规则还要清晰、易懂、好使用，便于教师教学和学生学习中用其引领和促进学习。

（四）贯穿理解过程，促进评价一致性

衡量教学评一致性的标准，是它们是否聚焦统一的目标展开。理想的表现性评价，同时也是一项有效的教学活动，这样才能达成教学评一致性。小学数学表现性评价的目标指向核心概念、大观念和关键能力的理解，因此，教学评一致性的实施要贯穿整个理解过程。教师教学要按评分规则的框架进行教学任务的设计和实施，学生学习按照评分规则框架搭建的脚手架拾级而上，实现学习进阶。同时，教师根据班级大多数同学对理解目标的评价结果调整和改进教学进程，直至达成一个水平层次的理解目标，才进行下一层次的教学，否则，后续的教学是无效或低效的。

表现性评价评的不是知识的记忆，不是简单任务的完成，也不是机械、重复的思考。而是评价核心概念、大观念和关键能力的理解，评价综合运用知识并能进行创造等高阶认知目标。这就要求教师设计出聚焦核心概念、大观念和关键能力的表现性目标、评价、任

务及教学活动，让学生能呈现对核心概念的理解及其运用于真实情境的能力。这一过程需要先设定关键的表现性目标，再设计能检测表现性目标的评价规则及任务，接着选择活动内容，并设计学生学习经历，最后在教学活动中根据学生理解的程度调整改进教学方案，实现教学评的一致性。

第四节　多元视角下的小学数学作业评价

有句老话："考，考，老师的法宝！分，分，学生的命根！"那是应试教育的时代，现在的教育把着力点放在学生的"学"，即学的全过程，学的常态。所以，作业成为了解教的效果和学的情况的重要途径，教师怎样批改作业就成了不可或缺的研究课题。

例如，数学作业，我们平常只是简单地打"√""×"，然后评等级，这只能表示解题的正确错误而已，而学生的解题思路、方法能力及学习习惯、品质等综合素质不能反映出来。这样不利于启发学生思考，不利于培养学生的创新思维和提高作业的质量。因此，对小学生的数学作业进行多元评价值得探索和研究。

一、师生互动，评价课堂作业

课堂作业能及时反馈教与学的质量，及时让老师了解学生掌握知识与技能的情况。对课堂作业进行多元化的评价，可以调动学生主动解决问题、探讨解题方法的积极性。评价时，教师应尽量从积极的方向，把鼓励和批评两者巧妙结合起来，在表扬时指出进一步努力的方向，在批评时又肯定其进步的一面。这样有利于提高学生的学习信心，促进学生的全面发展。

例如，对学生有独特解法的地方，应多用激励性语言评价；如果是小班教学，尽量使面批成为常态，要巧妙运用鼓励性语言，让学生感受到成功的喜悦。

二、妙用语言，评价课后作业

首先，引导学生思考，自我改错。当学生在作业中，出现审题、计算、分析、判断等方面错误时，老师可在错误的地方做个记号，同时写上"运算顺序对吗？""想清计算公式""请仔细再算一次结果""方法很好，仔细查一查，看问题出在哪里？"等评语，让学生自己去思考改正。

其次，肯定学生的独特见解，激活其创新意识。数学教材突出"数学来源于生活"这一特点，题型灵活，解题方法多样化，对学生作业中的巧解、灵活解答、一题多解，一定要写上"这种解法真妙""你真棒！老师还没想到这种做法"等评语，鼓励他们敢于标新立异，大胆探索。

小学生正处于人生中最顽皮、最活泼好动的阶段，在解题时注意力不集中，有时抄错计算符号，有时抄错数，就会造成全错。所以，老师在批改时要注意对症下药，多写鼓励性的话语，消除学生的自卑感，激发其斗志，树立其信心，让他们进入良好的学习状态。

三、丰富形式，评价作业效果

除了用评语激励学生、提高作业的质量之外，还可以采用不同的印章、图画等，评价不同作业的整体效果。例如，作业全部正确而且书写端正、整齐清洁的，盖个印章；字体端正、整齐清洁，答案正确率在95%之内或作业有进步的，画个标记。在期中、期末分别进行一次作业评比活动，奖励印章最多的前5名。通过各种形式的评价，既能让学生养成良好的书写习惯，又能让学生养成认真检查作业的好习惯。

总之，教师要适时、恰当地运用各种评价手段激发、激励学生，更有效地关注学生的个体差异，突出个性发展，为学生的成长创设积极向上、民主宽松的气氛。

参考文献

［1］ 邵汉民，钱亚芳，陈芳. 小学数学整体设计的思与行：小学乘法教学［M］. 上海：上海教育出版社，2022.

［2］ 董艳. 全喻数学小学：数学深度教学研究［M］. 福州：福建教育出版社，2022.

［3］ 陈红霞. 小学数学大单元整体教学这样做［M］. 杭州：浙江工商大学出版社，2022.

［4］ 朱向阳. 好用的小学数学课例：来自教学现场的 50 条经验［M］. 太原：山西教育出版社，2022.

［5］ 郭力丹. 小学数学情境教学研究［M］. 福州：福建教育出版社，2022.

［6］ 刘东旭. 小学数学"好活动"思与行［M］. 北京：首都师范大学出版社，2022.

［7］ 孟庆云. 小学数学概念思维能力教学研究［M］. 济南：山东大学出版社，2022.

［8］ 游利瑛，梁秀. 小甜橙学数学［M］. 成都：四川少年儿童出版社，2022.

［9］ 黄红涛. 数学·教师·教学［M］. 成都：西南交通大学出版社，2022.

［10］ 梁北招. "爱种子"模式下小学数学教学范式的构建与实践［M］. 广州：广州中山大学出版社，2021.

［11］ 赵宇，陶淑真. 微课在教学中的应用［M］. 合肥：中国科学技术大学出版社，2022.

［12］ 梁青. 四维联动学数学：一位小学教研员 30 年深度教学手记［M］. 青岛：中国海洋大学出版社，2021.

［13］ 张炳意. 基于课程标准的小学数学课程教学与评价研究［M］. 兰州：甘肃教育出版社，2021.

［14］ 晏长春. 小学数学核心素养培养的教学模式探索［M］. 沈阳：辽宁大学出版社，2021.

［15］ 刘旺，陈素丽. 小学数学教学一本通：数学关键能力提升教学策略［M］. 成都：电子科技大学出版社，2021.

［16］ 许卫兵. 小学数学整体建构教学［M］. 上海：上海教育出版社，2021.

［17］ 王庄姬. 小学数学教学实践与探索［M］. 福州：海峡文艺出版社，2021.

［18］郑祥旦，吴昌琦，陈慧芳. 小学数学一课一探究［M］. 福州：福建教育出版社，2021.

［19］李铁安. 迷上数学：触动童心的数学文化课［M］. 北京：教育科学出版社，2021.

［20］仲秋月. 小学数学教师基本功：成就卓越的六项修炼［M］. 苏州：苏州大学出版社，2021.

［21］汤强，高明. 实践取向的小学数学教学研究［M］. 成都：西南交通大学出版社，2021.

［22］金香. 会教·懂学：小学数学教师的八项修炼［M］. 上海：上海教育出版社，2021.

［23］崔文闯. 积跬步以至千里：小学数学新入职教师研修［M］. 长春：吉林人民出版社，2021.

［24］刘永强，陈小玲，张茜. 数学知识教学与学生能力培养［M］. 长春：吉林人民出版社，2021.

［25］邱学华. 邱学华怎样教儿童学数学［M］. 上海：上海教育出版社，2021.

［26］严育洪. 数学可以这样教：小学数学任务驱动式教学的组织样态［M］. 济南：山东文艺出版社，2021.

［27］邱学华，张良鹏. 小学数学教学法简明读本［M］. 福州：福建教育出版社，2021.

［28］宋秋前，苏明杰. 小学生数学学习典型问题与教学改进［M］. 上海：上海交通大学出版社，2021.

［29］郭宝珠. 构建情理相融的课堂：小学数学教学实践［M］. 福州：福建教育出版社，2020.

［30］陈永畅. 给数学教学添一道"味"：基于绘本的小学低段数学教学内容创生研究与实践［M］. 北京：民主与建设出版社，2020.